pen BOOKS

神社&仏閣

# 神社とは何か？ お寺とは何か？

武光 誠【監修】 ペン編集部【編】

CCCメディアハウス

目次

pen BOOKS
本書は「Pen」2009年7月1日号の
特集「神社とは何か? お寺とは何か?」を再編集したものです。



## 日本の神話とは。ブッダの教えとは。



## 現代人の心を捉える、宗教の中のアート

# 日本文化の源流を訪ねて
## ～一度は訪れたい、全国神社仏閣マップ～

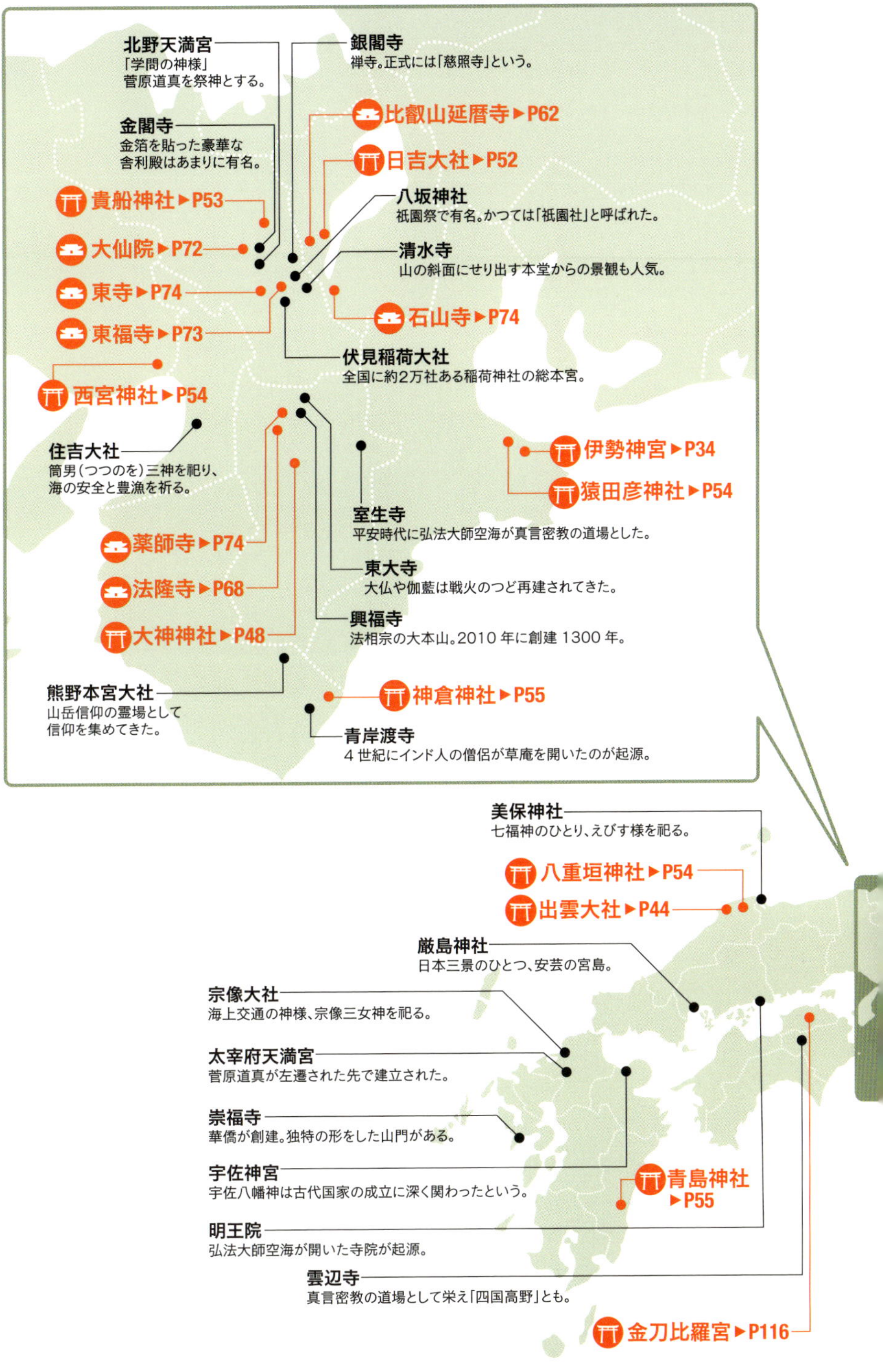

北野天満宮
「学問の神様」
菅原道真を祭神とする。
銀閣寺
禅寺。正式には「慈照寺」という。
比叡山延暦寺▶P62
金閣寺
金箔を貼った豪華な
舎利殿はあまりに有名。
日吉大社▶P52
貴船神社▶P53
八坂神社
祇園祭で有名。かつては「祇園社」と呼ばれた。
大仙院▶P72
清水寺
山の斜面にせり出す本堂からの景観も人気。
東寺▶P74
石山寺▶P74
東福寺▶P73
伏見稲荷大社
全国に約2万社ある稲荷神社の総本宮。
西宮神社▶P54
住吉大社
筒男(つつのを)三神を祀り、
海の安全と豊漁を祈る。
伊勢神宮▶P34
猿田彦神社▶P54
室生寺
平安時代に弘法大師空海が真言密教の道場とした。
薬師寺▶P74
東大寺
法隆寺▶P68
大仏や伽藍は戦火のつど再建されてきた。
大神神社▶P48
興福寺
法相宗の大本山。2010 年に創建 1300 年。
熊野本宮大社
山岳信仰の霊場として
信仰を集めてきた。
神倉神社▶P55
青岸渡寺
4 世紀にインド人の僧侶が草庵を開いたのが起源。
美保神社
七福神のひとり、えびす様を祀る。
八重垣神社▶P54
出雲大社▶P44
厳島神社
日本三景のひとつ、安芸の宮島。
宗像大社
海上交通の神様、宗像三女神を祀る。
太宰府天満宮
菅原道真が左遷された先で建立された。
崇福寺
華僑が創建。独特の形をした山門がある。
宇佐神宮
宇佐八幡神は古代国家の成立に深く関わったという。
青島神社
▶P55
明王院
弘法大師空海が開いた寺院が起源。
雲辺寺
真言密教の道場として栄え「四国高野」とも。
金刀比羅宮▶P116

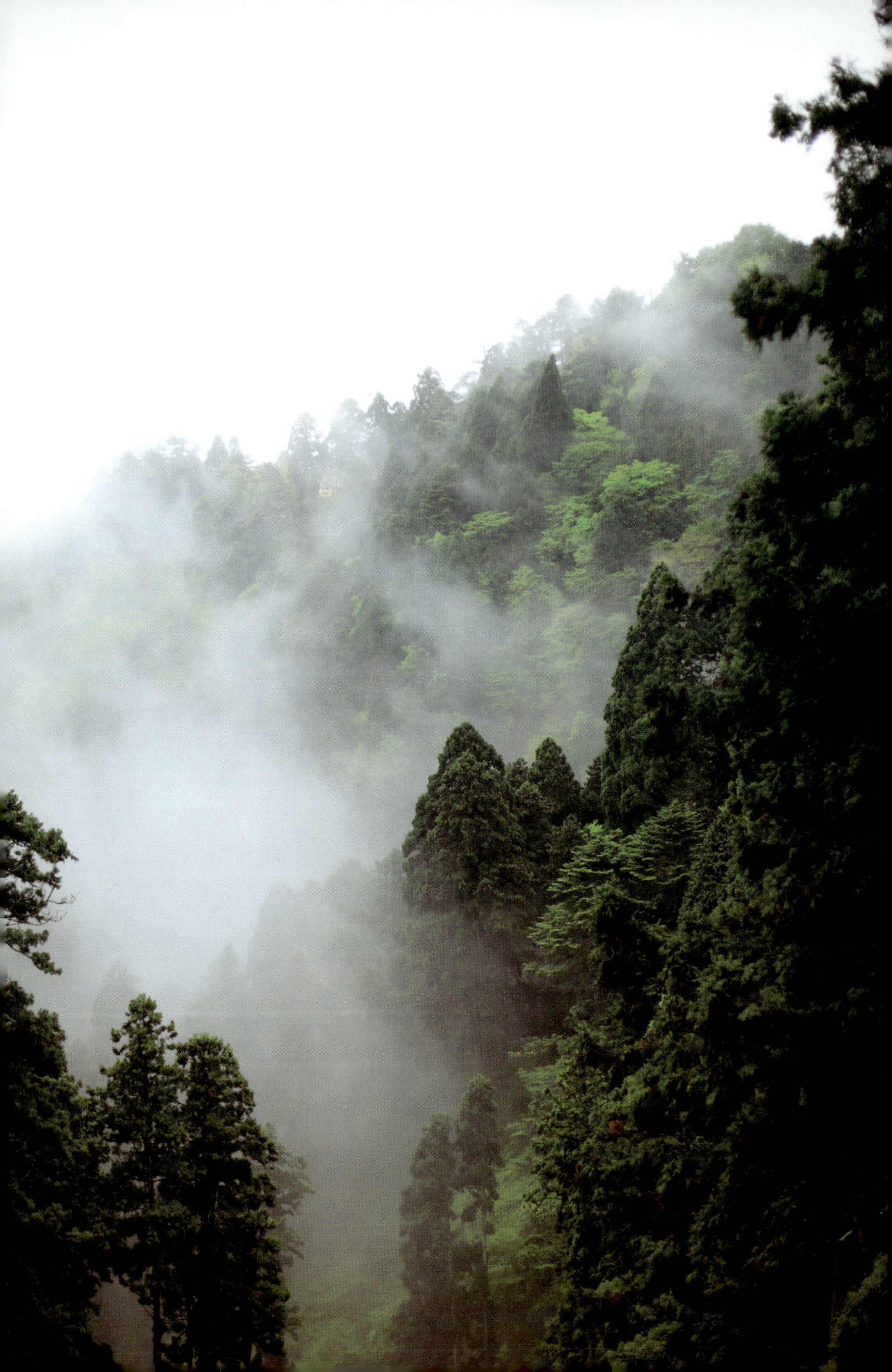

# 神社とお寺の、
# なにがどう違うのか。

# 徹底比較、神社とお寺はココが違います。

神社とお寺、いったいなにがどう違うのか？——わかっている気がしていたけれど、突っ込まれると心もとなくなってしまう。それが、日本人の平均的な感覚ではないだろうか。漠とした不安を払拭しておくために、まずは両者を比較して、その違いをきちんと整理しておきたい。

たとえば「建築」。現在ではどちらも日本の伝統建築と認識されているが、本来、神社は日本風、お寺は中国風とされていた。それぞれどんな経緯で成立し、どのような特徴があるのかを、もっと詳しく知っておくべきだ。

「崇拝対象」も、「仏様と神様に決まっている」なんて答えでは不十分だ。たいていのお寺で仏像を拝んでいるのは確かだが、仏教には仏像がなかった時代だってあったはず。一方の神社でも、そもそも神様は目に見えるものではないし、代わりに本殿に祀られるものだって、見たことがある人なんて、ほとんどいないだろう。

さらには「婚礼」と「葬祭」をめぐっても、神社では結婚式、葬式はお寺というのが常識のよう。だが、その逆があり得ることをご存じだろうか？

いざ比較検証してみると、あいまいだった両者の違いが明らかになるだけでなく、それぞれの意外な事実も判明してくる。それらを知ることで、神社とお寺がずいぶんと興味深く、身近な存在になってくるはずだ。

# 入り口

俗世間から隔絶された神社とお寺にとって、入り口とは“境界”である。そこに位置する鳥居と山門は、その意味で共通した性格をもつ。

神社のシンボルとして、地図記号にもなっているのが鳥居。参道の始まりにあり、これより先は神々が降臨する神域となる。一方の山門も、そこから先は仏の国。くぐることで心が清められ、美しい心で仏を拝むことができる。いずれの場合も、信仰心のないものが境界から先へむやみに立ち入ることは禁じられている。

■ 神社

## 鳥居

Torii

2本の柱の上に笠木を渡し、その下の「貫(ぬき)」と呼ばれる部分で柱同士が連結するのが基本。神社によって形は異なり、イラストは明神鳥居と呼ばれる形。曲線的で、仏教の影響を受けたとされる。起源は明らかではなく、天岩戸(あまのいわと)に隠れた天照大御神(あまてらすおおみかみ)を誘い出すため鳥を木にとまらせ鳴かせたことからきたという説も。

■ お寺

## 山門

Sanmon

寺院の入り口にある門を指し、「空・無相・無願」の悟りの境地「三解脱」に至るための門として、「三門」とも称される。2層構造の二重門が最も格式が高く、イラストの法隆寺南大門は一重門の様式。

## 崇拝対象

神社とお寺でいちばん異なるのは、やはり「なにを拝むか」である。わかりやすいのはお寺のケース。初期の仏教ではブッダの遺骨「仏舎利」を祀った塔などを拝んでいたが、しだいに偶像としての仏像を拝むのが多数派になっている。

一方で、ややつかみづらいのが神社の場合だ。古来は山や森、岩など自然物に神が集まるとされ、そこを御神体とする神社がつくられた。時代が下ると鏡や剣といった人工物がその役を担っていくが、いずれにしてもそれらは神そのものではなく、あくまで神々が御霊を宿らせる存在。しかも、それを直接拝むのは基本的にNGである。

■ 神社

### 鏡、山など

Mirror, Mountain, etc.

森羅万象の神々を祀る神社では、鏡や剣などを神霊の宿る御神体として崇めるのが一般的。古来の神社は山や森、岩などを御神体とする自然崇拝的な性格をもち、それをいまに受け継ぐ神社もある。ちなみに鏡は万物を映すという神秘的な性質から、御神体としてメジャーな存在。

■ お寺

### 仏像

Butsuzou

日本のお寺の多数において、主な崇拝対象となっているのが仏像である。当初は開祖である釈迦像のみが存在したが、仏教が発展していく過程で如来や菩薩、明王などが生み出され、現在では多様な仏像が成立している。通常は彫像を指すが、広義においては画像を指すこともある。

# 建築構成

神社における一般的な構成は、鳥居からアプローチである参道を経て拝殿に至るというもの。御神体が祀られる本殿は拝殿の背後にあり、この構成は、多くの場合に共通である。

一方のお寺は時代や宗派で大きく構成が異なるが、ひとつのモデルとなり得るのが法隆寺。仏像を納めた金堂と仏舎利を納めた塔とが並列にあり、各機能がバランスよく配置されている。大規模な寺院ではほかに僧侶が寝起きする僧坊、食堂、開祖を祀る開山堂なども設けられる。



## 神社

### 一般的な神社の構成

参拝の流れに沿って、参道沿いに手水舎や神楽殿、社務所などが配置される。拝殿の奥、やや目立たない位置にあるのが御神体を祀る本殿。立派な拝殿と混同してしまうことが多いので要注意。背後には神々の宿る鎮守の森が残されている場合が多い。

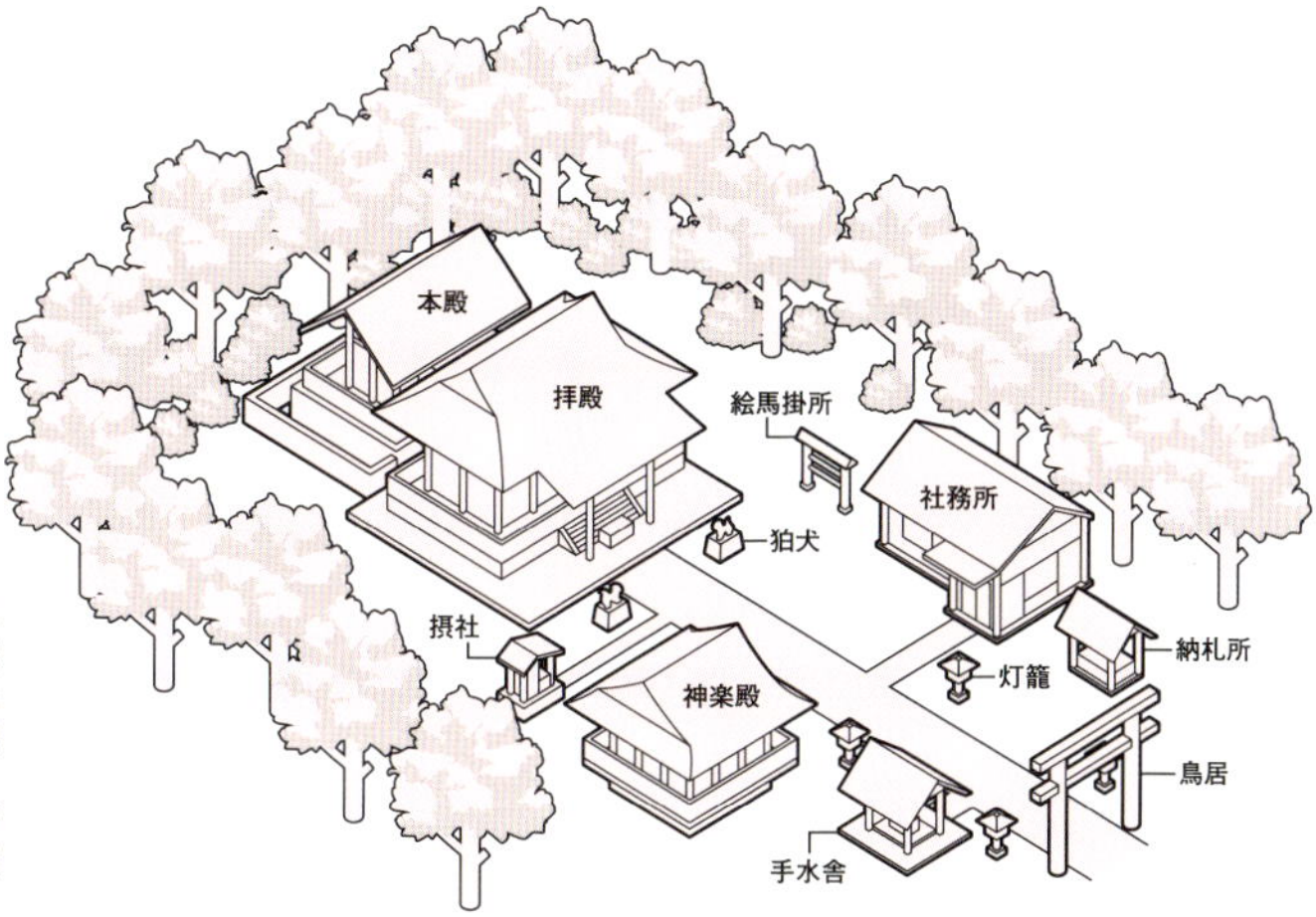


## お寺

### 法隆寺西院伽藍の構成

仏教伝来当初の寺院の姿を伝えているのが法隆寺。中門から入ると五重塔と金堂が並び、奥には僧侶が修行する講堂がある。経典を納めた経蔵、時を知らせる鐘のある鐘楼は廻廊で連結する。のちの時代の寺院では、より金堂が重視される配置になっていく。

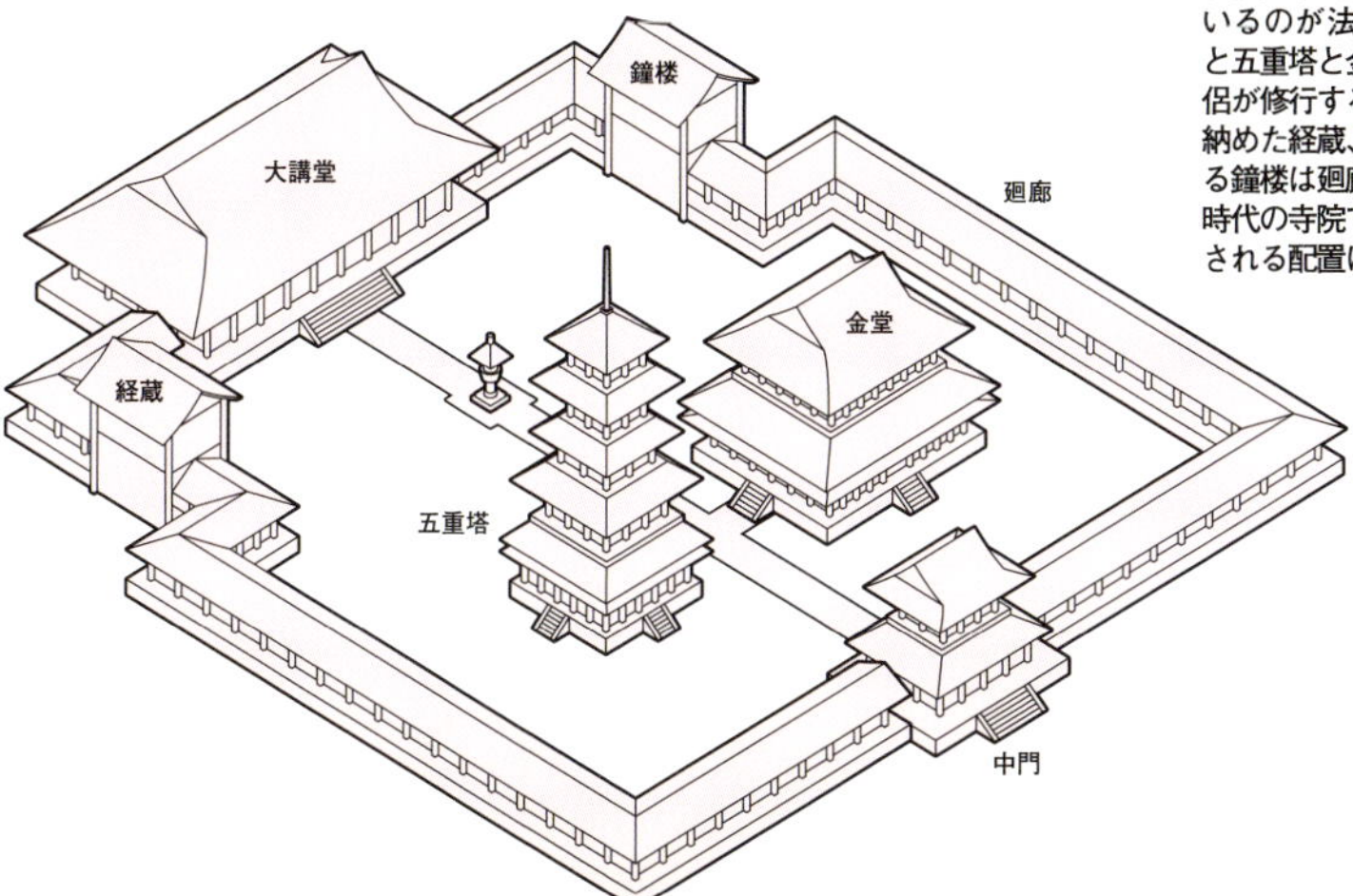

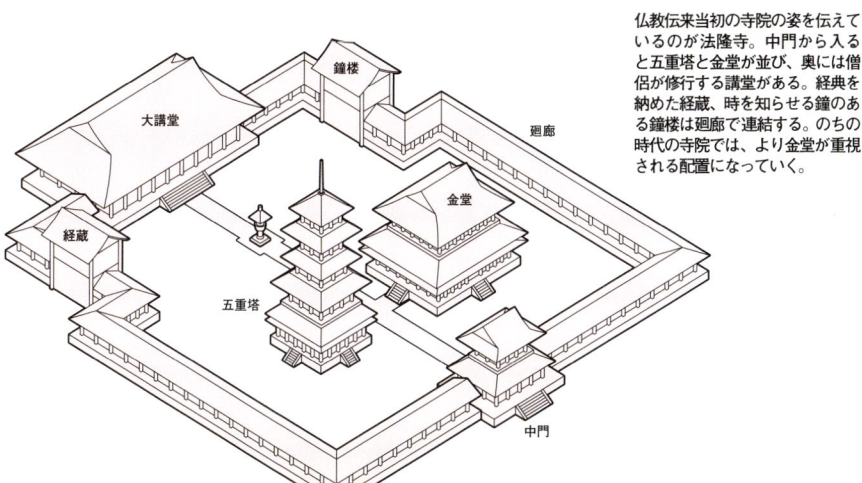

# 聖職者

神社、そしてお寺とも、その道のプロである聖職者により運営されている。専門的な訓練を経て、正式な階位を授けられている点は共通するが、その位置づけはやはり異なっている。

　神社における神職は、神々との仲をとりもつ存在。祈祷の際には我々に代わって祝詞(のりと)を読むなど、祀りごとを取り仕切る役割もある。

　僧侶の役割は宗派やお寺により異なるが、我々を指導し念仏を唱えるといった、仏の国での先導的な役割も果たしている。

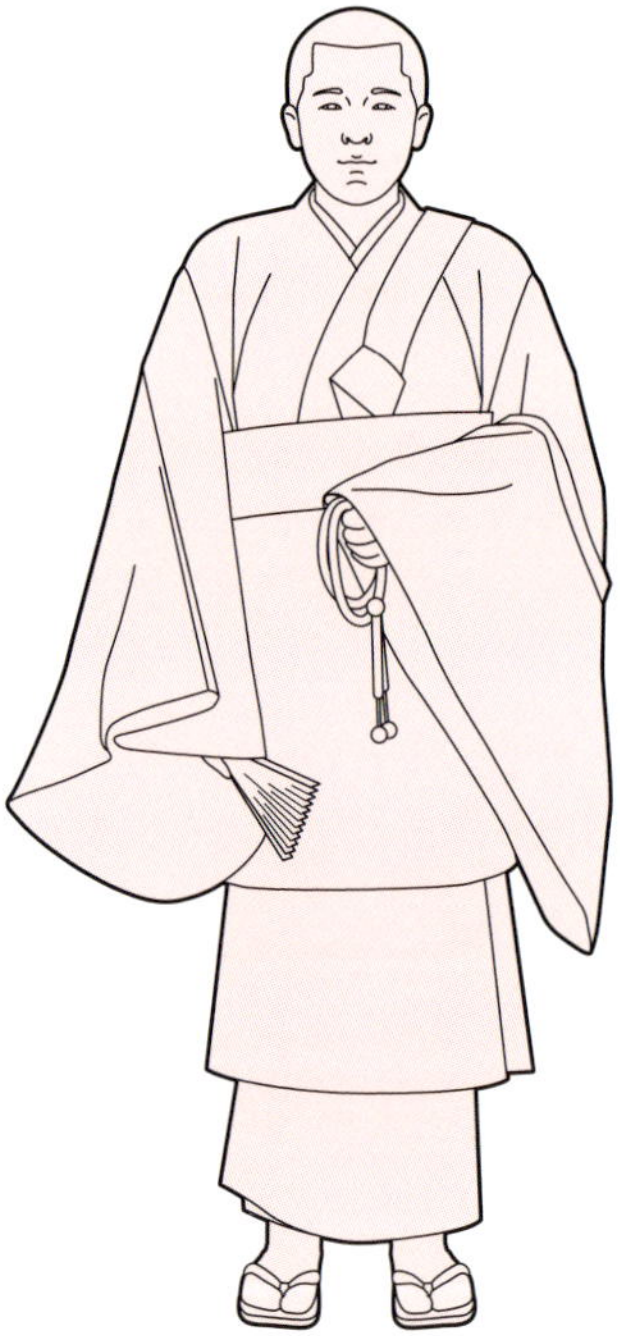

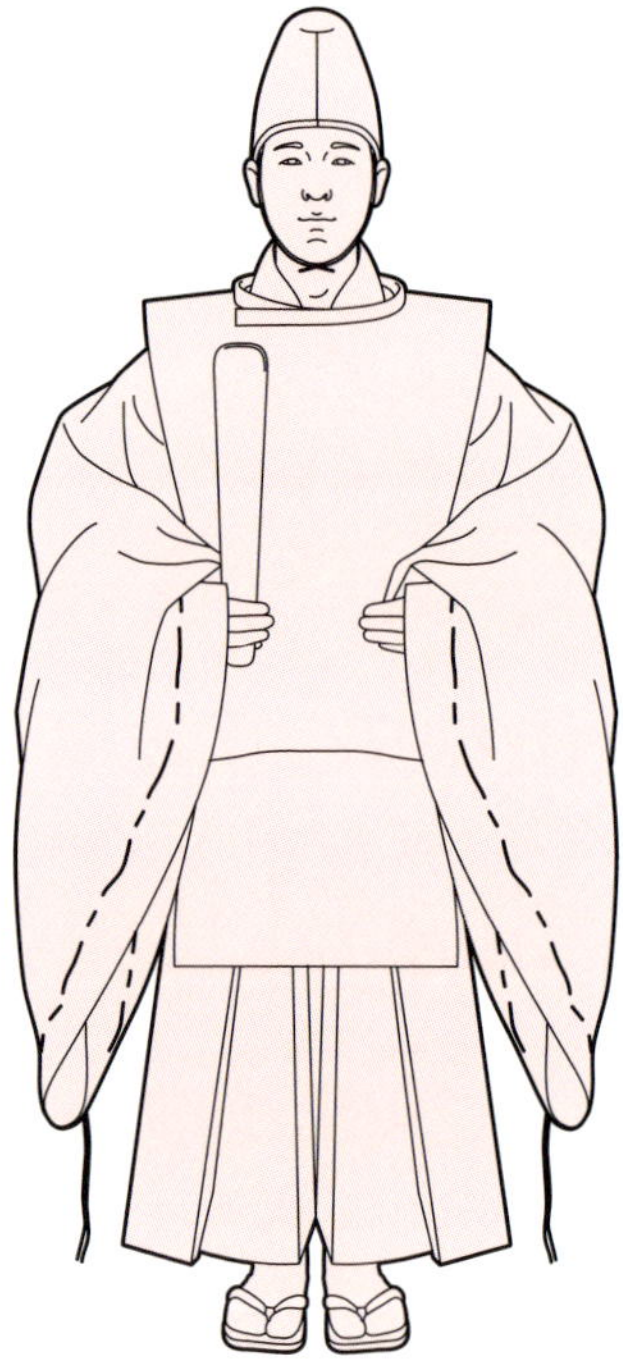

■ お寺

## 僧侶

Souryo

正式な僧侶となるには出家して修行に専念し、各宗派で認められた「度牒(どちょう)」という証書を得ることが必要。ユニフォームたる袈裟(けさ)は、インドで出家者の汚れた服を指す言葉「カシャーヤ」が語源。住職とはお寺の責任者である。

■ 神社

## 神職

Shinshoku

神社の祭祀や経営を行う職員であり、神主とも称される。神道学科のある大学で必要な課程を修了し、その後の実習を経て階位が授与されるのが主流。それぞれの神社の長は宮司(ぐうじ)と呼ばれ、いわば企業のCEOに等しい存在だ。

## 守衛役

本来は脇役だが、ファンの多いのがこの両者。守衛役として外敵に目を光らせ、口を開いた「阿形（あぎょう）」、結んだ「吽形（うんぎょう）」で一対となる点は共通である。狛犬は仏教とともにもたらされたため、お寺に置かれているケースもあり、“阿吽”の表情も仁王像から影響を受けたと考えられている。ちなみに伊勢神宮や出雲大社などは成立が古いため、狛犬は存在しない。神社によってはほかの動物が同じ神使の役をもち、稲荷神社の狐、春日神社の鹿などがそうだ。

お寺

### 仁王像

Niouzou

仏敵の侵入を防ぐため、山門の左右に置かれた一対の像。置いている寺は実は少ないが、筋骨隆々とした姿は存在感が際立つ。正しくは「金剛力士像」といい、上のイラストは東大寺南大門に立つ像。運慶の指揮によって制作されたとされる。

神社

### 狛犬

Komainu

鳥居から拝殿までの参道に鎮座して、魔物を追い払う役を担っている。起源はエジプトやインドのライオン像であるとされ、日本には唐の時代のものが伝わった。神社によってその姿は異なり、これを目当てに神社を訪れるファンもいる。

# 建築様式

神社とお寺とを簡単に見分けるには、屋根の瓦を見ればいい。瓦屋根は大陸から伝わった寺院建築の象徴であり、独自性を重んじた神社では、基本的に用いられることがなかったからだ。

弥生時代の稲倉をルーツとする神社の本殿建築は、高床式で、藁葺きや檜皮葺き（ひわだぶき）の屋根をもつのが特徴。生活を支える稲を神聖なものとして祀り、それが神殿に発展した経緯があるからだ。またその様式は、有力神社を雛型とするいくつかのパターンに分類できる。

## 神社

右のイラストは、伊勢神宮の形式である神明造。屋根の両端にある×形の「千木（ちぎ）」と、棟に置かれた丸太の「堅魚木（かつおぎ）」が神の住む場所であることを示す。稲倉をルーツとする高床式の構造となっている。主だった形式にはほかに、出雲大社の「大社造」、住吉大社の「住吉造」などがある。一般的に多いのは、片流れの屋根をもつ「流れ造」と、庇を備えた「春日造」。

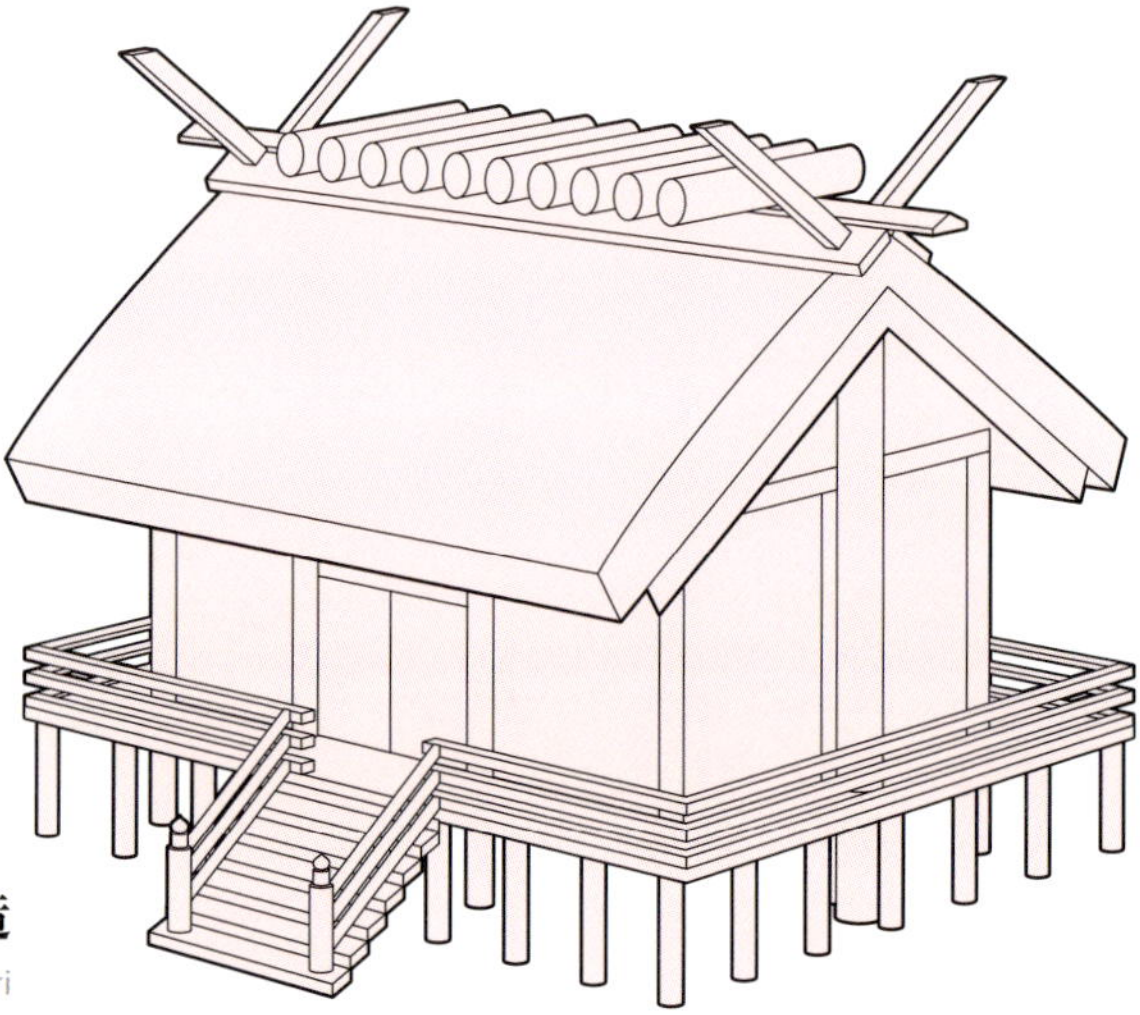

**神明造**

Shinmei Zukuri

## お寺

大陸から伝わった寺院建築は、土を盛った壇に立ち、太い柱で瓦屋根を支える構造や、複雑な装飾が特徴。湿度の高さや頻繁に起きる地震など、自然環境に対応するため柱と梁の合わさる部分を強化するなど日本化されたものを「和様」と呼ぶ。その後、鎌倉時代に「大仏様」「禅宗様」と呼ばれる様式がもたらされた。これらが「和様」に混じったものが「新和様」と称される。

**和様・新和様**

Wayou, Shin-Wayou

# お参りのしかた

お参りシーンで正しい作法がわからずに、ついあたりを見回してしまう人は多いはず。神社とお寺、いずれも境内に入ったら手水舎でお清めをして、拝殿もしくは本堂では賽銭を捧げる。ここまでほぼ同じであるのが、紛らわしい原因だ。

そこから先の詳細は説明を読んでいただくとして、いちばんの違いは手を打つかどうかにある。ここをしっかり押さえておけば、大きな間違いは犯さないはず。肝心なのは、仏様や神様を心から敬い、純粋な気持ちでお参りをすることだ。

## 神社

### 二礼、二拍手、一礼

鈴のある場合はまず鳴らしてから、上体を90度折って2度礼をする。ゆったりと2回手を打ち、手を合わせた状態で神様への感謝や願いごとを伝える。最後にもう1度深く礼をして退去。手を打つのは敬意の表現であり、神様に気づいてもらう合図との説も。拍手の際に、右手を左手の第一関節までずらすとよい。拍手や礼の回数は異なる神社もあるので御注意を。

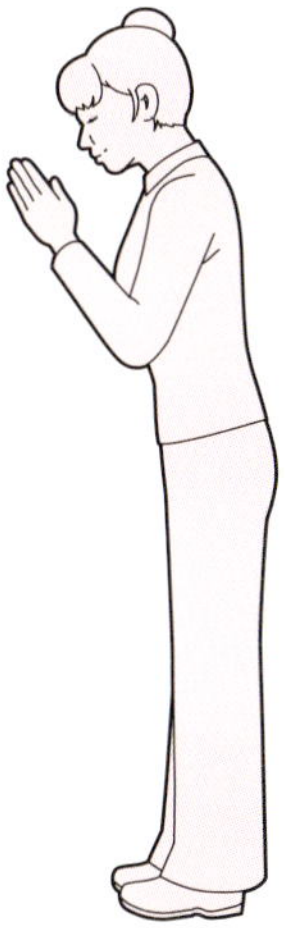

## お寺

### 胸の前で合掌し、頭を下げる

お寺で仏像を拝む際は、シンプルに両手を合わせ、軽く頭を下げる。思わず手を打ちそうになるが、これはNG。合掌の際、両手は胸の前でぴったりと合わせる。これは仏様と自分が一体になるという意味をもつ。天台宗や真言宗では指を互いに組むなど、宗派での違いもある。

# もっと知りたいあなたのために、さらにディープな両者の違いを調べてみると……。

## 神社&仏閣

### 寺社の数

**お寺**

全国にある寺院の数は7万～8万前後。都道府県別で多いのは、愛知や大阪、兵庫、京都など。東京も上位に入っている。世界宗教である仏教は当然、海外にも寺院は多く、現存するだけでもその数は膨大になる。

**神社**

神社本庁のデータでは、日本全国に神社の数は8万社ほどとされる。また、多いものでは稲荷社が約2万社、八幡社が約1万5000社、天神社が1万社ほど存在し、近年では企業が敷地や社屋に設ける“企業内神社”も多く成立。海外においてもハワイなど日系人が多く住む場所に、移住者の建てた分社や末社があることも。

### 聖典

**お寺**

ブッダの教えから多様な解釈が生まれ、膨大な数の経典が存在する。数多くの経典をまとめたものを「大蔵経(だいぞうきょう)」、もしくは「一切経(いっさいきょう)」と呼ぶ。日本で作られた最大のものに『大正新脩大蔵経(たいしょうしんしゅうだいぞうきょう)』があり、3000種類の経典を収録、巻数は1万を軽く超える。

**神社**

創始者のいない民族宗教であるため、明確な教義をまとめた聖典は存在しない。『古事記』や『日本書紀』、地方に伝わる物語を編纂した風土記などの文献を、信仰の根拠を伝えるものとして「神典」と称する。

### 起源

**お寺**

日本における最初の本格的寺院は、6～7世紀に蘇我馬子によって創建された法興寺(現・飛鳥寺)という説が有力だ。『日本書紀』にも記述があり、五重塔と3つの金堂をもつ大規模なものであったという。

**神社**

プリミティブな神社としては、神聖な場所に自然石の磐座(いわくら)などを設け、祭りのたびに霊を迎える形態があった。しだいに祭壇を常設した小屋へ発展、社殿の発生へと至り、さらに御神体を祀る本殿が誕生、現在に近い形となっていく。神殿が築かれるのは7世紀頃からと推測され、仏教寺院からの影響も考えられている。

### 特別な日、行事

**お寺**

ブッダの生涯にちなんで4月8日は誕生を祝う「潅仏会(かんぶつえ)」、悟りを開いた12月8日は「成道会(じゅうどうえ)」、旧暦2月15日は入滅を記念した「涅槃会(ねはんえ)」が行われる。日本では春と秋のお彼岸も重要。

**神社**

神社の行事は、稲作のサイクルに則ったものが多い。いちばん重視されるのは作物の豊穣を祈る春祭と、収穫の感謝を捧げる秋祭である。春祭は「祈年祭」や「御田植祭」、秋祭は「新嘗祭」などと呼ばれる。年に2回、半年分の穢れを清める「大祓(おおはらい)」も欠かせない。

## 葬祭

### お寺

日本人にとって、お寺と最も縁がある機会は葬式だといえる。しかしこれは江戸時代に檀家制度が設けられ、お寺が墓地を管理し始めて以降のこと。"葬式仏教"とも揶揄されるように、ブッダの教えと直接関係があるわけではなく、便宜上の結果といえる部分もある。

### 神社

古くから死者に別れを告げる「神葬祭」という儀式はあったが、一般に行われるようになったのは明治以降。共同墓地が作られ、墓地をもつお寺以外で葬式ができるようになってから。形式は神社により異なるが、祝詞を読み上げ、玉串を捧げる点はほかの祭事と同様だ。

## 婚礼

### お寺

多くの宗派で僧侶の結婚が認められなかったこともあり、婚礼とお寺とは縁遠いものだった。明治以降、僧侶の結婚が認められてからは、仏前での結婚式という考え方が生まれ、現在もわずかながら行われている。形態は神前式に近く、僧侶から数珠を授かる点が特徴。

### 神社

神道では男女の結びつきを尊いものとするが、結婚は私的な行事として、家庭内のイベントとして完結していた。神の前で結婚の儀式を行う神前式が広がったのは明治以降。当時の皇太子(のちの大正天皇)が宮中の賢所(かしこどころ)で婚礼を挙げ、これが一般に広がった。

## 祝詞とお経

### お寺

お寺の日常に欠かせないのが、お坊さんがお経を唱える「読経」だ。お経はもともと仏の教えを記したもので、読経も意義を理解し実践するための手段のひとつ。しかし一般人には理解しづらいのが難点で、供養の場など、読み上げること自体の儀式的意義も小さくない。

### 神社

祀りごとの際に読み上げられ、「カシコミカシコミ」でお馴染みの「祝詞(のりと)」。感謝の気持ちとお願いを奏上するための言葉で、神々へのコミュニケーション手段といえる。一定の型に則って神職が書き上げるが、その作文力も神職の技能のうちだといえる。

## 御利益、御神徳

### お寺

神社と同様、現世利益を願いがちだが、本来の御利益は、仏の教えに従い善行を積み重ねて初めて得られるもの。お賽銭もお布施の一部という位置づけなので、引き換えに御利益が保証されるわけではない。

### 神社

神様からの御利益は「御神徳」と呼ぶのが習わし。祀られた神様や神社の由来にあやかって、我々はさまざまな御神徳を期待しがちだが、あくまで自らの努力の結果に授かるもの、というのが正しい考え方。ちなみに、神社では絵馬を奉納するのが一般的だが、これはかつて本物の馬を納めていた習慣が転じたものである。

## タブー

### お寺

修行の場であるお寺には、必然的にタブーも多い。神社同様、参拝者が心がけるべきは常識的なことばかりだが、殺生を戒める考えから肉食はタブー。男女の交わりやお酒も、基本的には禁じられている。

### 神社

代表的なタブーとして、参道の真ん中を歩かないというものがある。これは「神様の通り道をあけておく」ためで、参道では端を歩くのがよい。境内では火気厳禁で、たばこも控えるべき。飲食や大きな音を立てることも×。犬のお散歩コースによさそうだが、基本的にペットもNG。とはいえ、これらは常識の範疇ともいえる。

# 完全密着、神職と僧侶の1日を追う。

## 神職のある1日

**大塚天祖神社**

権禰宜
**細川朋學さん**

池袋サンシャインシティから巣鴨とげぬき地蔵あたりまでの総鎮守。子犬に授乳している子育狛犬がある。●東京都豊島区南大塚3-49-1　☎03・3983・2322

AM 5:00

**早朝の参拝客を迎え入れ、1日が始まる。**

1日の始まりは開門から。石造りの鳥居の入り口を塞いでいた木製の柵を横に移動し、参拝客を迎え入れる準備をする。お年寄りが集まる巣鴨に近いこともあり、早朝から訪れる人も多い。

## 僧侶のある1日

**世田谷観音**

住職
**太田兼照さん**

昭和26年開山の祈願寺。毎月8日が阿弥陀様、18日が観音様、28日がお不動様の縁日。●東京都世田谷区下馬4-9-4　☎03・3410・8811
www.setagayakannon.com

AM 5:45

**朝は早々に起床。まずは開門から!**

朝は午前6時前に起床。まずは向かって右を金剛力士、左を密迹力士(みっしゃくりきし)が守る「仁王門」を開く。門の内部中央には浅草寺の雷門と同じく、真っ赤な大提灯が下がる。

AM 5:30

**境内の小さな社にも、朝の御挨拶を。**

境内にある摂社、末社にも、もちろん御供えをする。写真は「稲荷社」で、神の眷属（けんぞく）とされる狐の像が社の左右に置かれている。そのほかに三峯棒名社、熊野社、菅原社、厳島社がある。

AM 5:15

**御供えは米が大事、毎日の祝詞も欠かさずに。**

開門して拝殿の扉を開いたら、次は毎朝の日課である神事、日供祭（にっくさい）を行う。米、酒、魚、野菜といった神饌（供物）を奉り、神拝詞（しんぱいし）と呼ばれる祝詞を奏上する。

AM 7:00

朝食

AM 6:00

**毎日6回響く、鐘は近所の時報代わり。**

午前6時になると敷地の奥にある鐘楼へ。鐘を一度撞いたら、般若心経を唱えながら梵鐘の周りを回り、これを繰り返す。鐘は慶長10年に鋳造されたもの。

AM 6:30

**境内をぐるりと巡り、朝の読経に専心。**

朝食の前に境内を巡拝。本堂では観音経と般若心経を唱え、約30分かけて朝の読経を行う。写真は太宰府天満宮より招来された文殊菩薩に合掌しているところ。苔の緑も目を楽しませる。

AM 7:00

朝食

# 神社&仏閣

AM 9:30

### 神主は雅でなくては！雅楽もスキルのひとつ。

雅楽は神主の嗜みのひとつ。鳳凰の声を模した鳳笙（ほうしょう）、力強い旋律を奏でる篳篥（ひちりき）、そして細川さんが吹く龍笛（りゅうてき）の三管が基本。御祈祷の前に練習をすると、声が出やすくなるとか。

AM 10:00

### 狩衣姿にすばやく変身し、いざ御祈祷。

予約していた初宮詣の祈願者が来社。狩衣を纏い、烏帽子を被って笏（しゃく）を右手に持ったら拝殿へと進んでいざ御祈祷。記念写真のカメラマンも務めるなど細やかな心遣いはさすが。

昼食

PM 0:00

AM 9:00

### 降り注ぐ落ち葉を、黙々と掃き続ける。

仏教は一に清掃、二に勤行……。松や桜、楠など、秋・冬以外にも境内には葉がしきりに落ちてくる。ときには1日で700ℓ分もの落ち葉を集めることもあるのだとか。

昼食

PM 0:00

PM 1:00

### ご朱印にお札……、書道は住職の嗜みです。

「江戸三十三観音札所」と呼ばれる観音霊場のひとつとされている世田谷観音には巡礼者も多く、朱印を求める人も相次いで訪れる。授与所には御守りや数珠、経本などが揃っている。

PM 2:00

### 朗々とした詠唱とともに、凛とした空気が満ちる。

取材当日は阿弥陀様の日。毎月8日には信者が集まり読経を行う。衣の上から袈裟を着け、数珠と中啓（ちゅうけい）を持って本尊が鎮座する本堂へ。読経の後、阿弥陀堂に移動し阿弥陀経を信者とともに読経。

PM 5:30

**太陽が没するとともに、神社の1日も幕を下ろす。**

神道で最も重要な神である天照大御神が太陽神としての性格を備えるからか、神社は日没とともに閉殿・閉門するところが多い。神饌を徹して再び神拝詞を詠むと、1日の務めが終わる。

PM 3:00

**真白な半紙を切り出して、神域に結界を張る。**

社殿の入り口や神木など神域に結界として張られる注連縄(しめなわ)。そのところどころに下がっている紙垂(しで)は神主の手作り。半紙や奉書を折って、器用に切り出していく。

PM 1:00

**毎日の掃き掃除は、境内の「お祓い」。**

午後は御祈祷の予約が入っていないのでひたすら境内の掃き掃除。袴が汚れないように作業着に着替え、白い作務衣を羽織る。清浄を旨とする神道では社を清めるのも重要な職務なのだ。

PM 6:00

**閂を掛ける重々しい音が、夕暮れに溶け込む。**

閉門は通常午後6時。住職は文字通り住むのが仕事。会合などに出かけるほかは年中無休のため毎日、規則正しい生活を送っている。翌朝に備えて食事を済ませたら夜10時には就寝。

PM 3:00

**迷える人々を救い導く、会話力も素養のうち。**

参拝客に対しては気さくに声をかけて会話をする。仏教では経典を読んだり書写するだけではなく、「解説(げせつ)」といって人々に妙法を説いて聞かせることも重要なのだ。

**近隣との触れ合いは、月に1度の朝市で。**

毎月第2土曜日の6時から、お寺の参道周辺で朝市を開催している。とれたての野菜や魚介類を中心に、パンや米、菓子などさまざまな商品が並ぶ。千葉からやって来る農家が、生鮮野菜を直接販売する。住職は、拡声器片手に進行役をつつがなく務める。

# 時代を追い、「発祥」と「宗派」を考える。

これまで違いを見てきた神社とお寺にはさらに決定的な違いがある。前者は日本固有の宗教のためにつくられたものであるが、後者は外来宗教のためのものであるといった点だ。その根本的な性質の違いゆえ、両者を深く理解するためのカギは自ずと異なる。

神社が「なにを祀るためにつくられたのか」という〝発祥〟で分類できるのに対し、お寺は「教え」の違いに焦点を当てた〝宗派〟による選別が可能なのだ。その分類を発生した時代別に並べ、図示したものが24～25ページのチャートだ。

古来、日本人は山や草木、巨石といった万物に魂が宿ると信じ、「八百万《やおよろず》の神」といわれるほど数多の神々を崇拝してきた。これを「精霊崇拝」と呼ぶ。また人々の間には亡くなった人を神として祀る「祖霊信仰」も根強くあった。「精霊崇拝」と「祖霊信仰」――このふたつこそが神道の基礎であり、土地の守り神を祀る神社の原初形態、「産土型神社」を生み出すことになる。

平安期になると祈願成就で名高い神様を祀る「勧請型神社」、怨霊を鎮めるためにその霊を祀る「御霊型神社」もつくられた。鎌倉～室町時代には、神仏習合が進むなかで「寺院転向型神社」が誕生した。さらに江戸時代には、人々の間で流行した信仰から「庶民設立型神社」が勃興。近代になると偉人を祀る「近代成立型神社」、国のために殉じた人々を祀る「招魂型神社」まで興された。日本人はこうしてあらゆるものを「神」として崇めてきたのだ。

一方、お寺の歴史は仏教が552年に日本に伝来したことに始まる（538年という説もある）。当時は仏法に従えば国を護り鎮めることができるという考えのもと、法隆寺や東大寺などの寺院が創建され、経典研究が中心の学問仏教が栄えた。この頃に生まれたのが、三論宗をはじめとする「南都六宗」である。だが国の過剰な保護により「南都六宗」はしだいに堕落。平安期になると仏教界の刷新を目指した最澄と空海がそれぞれ「天台宗」と「真言宗」を開き、「平安仏教」の時代が始まる。だが、これらの仏教は庶民には難解すぎるものであった。

そこで鎌倉時代に入ると、6つの新たな宗派が生み出される。それが「念仏を唱えれば成仏でき、極楽浄土に行ける」と説いた浄土系の「浄土宗」「浄土真宗」「時宗」、坐禅を勧める禅宗の「臨済宗」と「曹洞宗」、「お題目を唱えよ」と教えた「日蓮宗」だ。これらのわかりやすい教えは即座に民衆に広まった。江戸時代には中国の高僧・隠元が「黄檗宗」を開くものの、現代に伝わる日本仏教の有力宗派はほぼ鎌倉時代に出揃ったといっても過言ではない。

神社やお寺の構成要素のなかには、これまで見てきた分類によって差異が生じるものが少なくない。ルーツや系譜を知ることは、その神社仏閣に込められた古の人々の〝思い〟を知ることにもつながり、神社やお寺巡りをより興味深く、味わい深いものにしてくれるはずだ。

# 神社

## 勧請型神社
Kanjyougata Jinja

個人の救済を説く仏教の影響で、ご利益で名高い神社を分祀する風潮が誕生。代表的神社は伏見稲荷大社を総本山とする稲荷神社、宇佐神宮が総本山の八幡神社など。

## 御霊型神社
Goryougata Jinja

混沌とした時代にこの世に恨みを残しながら死んでいった人の霊を鎮めるために祀ったのが始まり。代表的神社は菅原道真を祀る北野天満宮、平将門を祀る神田神社など。

## 産土型神社
Ubusunagata Jinja

自然の恵みに感謝し、自分が生まれた土地の神様や先祖の霊をもてなし祀るという神社の原初形態。古代の日本人は山や巨石、大木などの自然物に神々が宿るとして、万物を崇拝した。代表的神社には大神神社などがある。

794年　592年

平安時代　飛鳥・奈良時代　古代

## 平安仏教
Heian Bukkyou

国家の庇護のもと堕落していった先行宗派に対し、仏教界の立て直しを図るために誕生。ともに遣唐使として唐にわたり本場で修行を積んだ最澄、空海が新宗派を開宗。

### 天台宗
Tendaishu

最澄が806年に開宗。円(法華経)・密(密教)・禅(坐禅)・戒(戒律)・浄土(浄土信仰)の仏道修行を重視する日本仏教における総合大学的存在。主要寺院は比叡山延暦寺。

### 真言宗
Shingonshu

空海が816年に開宗。加持祈祷により即身成仏(生きているいま仏の境地に至ること)が可能と説く。中心経典は『大日経』、『金剛頂経』。主要寺院は高野山金剛峯寺など。

## 南都六宗
Nanto Rokushu

主に中国より伝来し、仏教を国づくりの根幹とした国家が公認した6つの学団。当時は「宗」ではなく「衆」と呼ばれ、現代の学閥に相当。経典研究などの学問が中心だった。

### 三論宗
Sanronshu

隋代に大成され、625年高句麗僧、慧灌(えかん)により日本伝来。中心経典は『中論』『百論』『十二門論』。主要寺院は元興寺、大安寺。

### 成実宗
Jyoujitsushu

『成実論』を研究する学派。伝来年不明。三論宗とともに日本に伝わるも、その寓宗(付属する宗)と位置づけられた。主要寺院なし。

### 法相宗
Hossoushu

唐の高僧、玄奘(げんじょう)の『成唯識論』(じょうゆいしきろん)を礎に弟子の基が開宗。653年日本伝来。主要寺院は興福寺、薬師寺。

### 倶舎宗
Kushashu

インドの僧、世親の著書『倶舎論』研究のため中国南北朝時代に成立。ともに伝来した法相宗の寓宗。658年日本伝来。主要寺院なし。

### 華厳宗
Kegonshu

唐時代に成立し新羅の僧、審祥(しんしょう)により736年に日本伝来。中心経典は『華厳経』。主要寺院の東大寺には、大仏を建立した。

### 律宗
Risshu

754年に道宣の孫弟子、鑑真によって日本に伝わる。『四分律』を重んじる唐の学僧、道宣を祖とする。主要寺院は唐招提寺、西大寺。

## 近代成立型神社

Kindaiseiritsugata Jinja

国体に功績を挙げた偉人または、権力者自らが死後に自分を祀った神社をつくるよう遺言したことで成立。代表的神社は徳川家康を祀った日光東照宮など。戦前は別格官幣社と呼ばれた。

## 寺院転向型神社

Jiintenkougata Jinja

神仏習合の影響で仏教や道教などと結びつき、修験道(霊験を得るため修行などを行う)や禅寺道場へ発展。代表的神社は三峯神社、榛名神社、古峰神社など。現在は山岳神社と呼ぶ。

## 招魂型神社

Shoukongata Jinja

明治維新以降に、国のために亡くなった人々の霊を祀るために設立された神社。代表的神社は東京・千代田区の靖国神社、各都道府県にある護国神社など。現在は、それぞれの名称で呼ぶ。

## 庶民設立型神社

Shominsetsuritsugata Jinja

自然物や動物など、生活や習慣に根差した民間信仰の対象を祀る。代表的神社には富士山本宮の浅間大社、京都・山之内の猿田彦神社などがある。現在では、特殊神社と呼ばれている。

1868年　1192年

近代　江戸時代　鎌倉～室町時代

## 鎌倉新仏教

Kamakura Shin Bukkyou

平安末期からの災害や疫病から逃れるため、庶民が心の拠りどころを求めるように。しかし学問宗教や密教は難解すぎたため、比叡山に学んだ僧を中心に新宗派が誕生。

## 黄檗宗

Oubakushu

1654年に日本に招かれた明代の高僧、隠元(いんげん)が開宗。もともとは臨済宗の一派であったため教義や修行、儀礼などは臨済宗と同じである。主要寺院は万福寺。

## 浄土宗

Jyoudoshu

法然が1175年に開宗。「南無阿弥陀仏」と唱えれば誰でも阿弥陀仏に救済され、成仏できるとする浄土教の一派。主要寺院は知恩院。

## 浄土真宗

Jyoudoshinshu

法然の弟子、親鸞が1224年に開宗。我々は現時点で阿弥陀仏により救われており、念仏は感謝を表すものと説く。主要寺院は本願寺。

## 時宗

Jishu

一遍が1274年に開宗。阿弥陀仏による救済は決定済みのこと。その喜びをかみしめて念仏を唱えよ、と説く。主要寺院は清浄光寺。

# お寺

## 曹洞宗

Soutoushu

道元により1227年日本伝来。ただひたすら坐禅を行うことが自我から解放される道であると説く。主要寺院は大本山永平寺、総持寺。

## 臨済宗

Rinzaishu

栄西により1191年日本伝来。坐禅に加え、戒律や悟りを得るための学問も重要とした。室町期に隆盛を極める。主要寺院は建仁寺。

## 日蓮宗

Nichirenshu

日蓮が1253年に開宗。ブッダの教えは『法華経』にあり、「南無妙法蓮華経」を題目として唱えれば救われると説く。主要寺院は久遠寺。

# 神と仏の関係性を、日本史から読み解く。

四方を海で囲まれ、俊険な山が並ぶ日本に暮らす古代人はまず、周囲の自然を畏敬の対象として崇めた。自然の生命力をたたえる豊作祈願や収穫祭は現在も毎年、神社で行われている「祈年祭《きねんさい》」や「新嘗祭《にいなめさい》」の原型でもある。

6世紀には大陸から仏教が伝来した。豪族たちはその是非を巡り対立。反対派を押し切る形で蘇我氏が仏像を祀ったのが、この国の寺院の始まりだ。その後、聖徳太子がこれを篤く敬うことを定め、仏教は国民に浸透していく。

一方、神道は8世紀に『古事記』と『日本書紀』というかたちで最重要書物が完成。天照大御神《あまてらすおおみかみ》を軸に、各地に存在した八百万の神々は、土地や氏族の守り神として体系化されたのだった。

そして寺院もまた、国家鎮護の祈願場として整備され始めた。奈良の東大寺は、そんなお寺の代表格。大仏の開眼供養は、本家インドの僧侶の立ち会いのもと盛大に行われた。面白いのがこの時、九州・宇佐八幡の分霊が勧請《かんじょう》されたこと。神々は仏法の守護者として、新たに位置づけられたのだ。この「護法善神説」や、

## 祈年祭と新嘗祭

**神道の中で最重要視される祭祀のひとつ。豊作を祈願する祈年祭は2月17日、一方、新穀を感謝する新嘗祭は11月23日が祭日。いずれも全国の神社で行われる。そのルーツは古く、大和朝廷時代にすでに原型が見られる。**

「本地垂迹説《ほんじすいじゃくせつ》」のように、神道と仏教が交じり合うことを「神仏習合」という。

9世紀初頭、国家による保護ゆえ腐敗した奈良仏教を刷新したのが最澄と空海だ。山上で黙々と修行する彼らに、人々は一条の光を見出した。

平安時代には、貴族間の権力抗争が苛烈に。有名なのがライバルの奸計で大宰府に流された菅原道真だ。道真が恨みを抱いたまま没すると、都で天災が相次いだため、朝廷は彼の霊を祀る社を建てた。これが北野天満宮である。

不安の種は怨霊ばかりではない。永承7(1052)年は仏の教えが時代を経てしだいに通用しなくなる、末法の世の始まりと見なされた。人々は極楽浄土を目指し、念仏を主軸とした浄土教が急速に流布。熊野三山は参詣すれば往生できるとされ、「蟻の熊野詣で」と呼ばれるほどの参拝客が訪れた。

### 本地垂迹説

**日本の神々は、人間を救済するために仏が姿を変えてこの世に現れたものとする説。10世紀頃から広まった。本地とは本来の姿、垂迹とは仮の姿のことで、神号のひとつ「権現」も同説に基づいた神仏習合的なものである。**

### 極楽浄土

**サンスクリット語の「スッカヴァティ」に由来。仏教的世界観において、はるか遠くの西方に位置して阿弥陀仏が支配する世界とされる。苦しみのない理想郷として、浄土教では特に、念仏によって到達できるとされた。**

## 檀家制度

キリシタンを中心とする島原の乱以後、幕府は異教徒への警戒を強化。全国民を特定の寺院に檀家として結びつけることで異教信仰を取り締まった。この制度を通じて仏教はなかば国教的な地位を与えられたといえる。

時代は下り、中世は武家政権が確立した時代。武士の棟梁・源頼義は本拠の鎌倉に勧請した鶴岡若宮（現在の鶴岡八幡宮）を篤く崇敬した。その信仰は鎌倉武士たちに深く浸透。一方の仏教側は浄土真宗や曹洞宗といった新宗派が興ったが、特に政界に影響力をもったのは臨済宗だ。室町時代には京都の南禅寺や鎌倉を中心に、茶の湯に代表される禅文化が花開く。死と隣り合わせの武士だからこそ、心の静謐を求める禅文化に魅了されたのであろう。

１４６７年の応仁の乱から始まる戦国期は、寺社にとっては暗黒時代。織田信長の延暦寺焼き打ちは有名だが、天皇の権力の弱体化により、皇室の大嘗祭《だいじょうさい》など重要な祭祀が中断された。

長き戦乱ののち、寺社の行政を整備したのが江戸幕府の寺社奉行だ。島原の乱を機に幕府は宗門改《しゅうもんあらため》と檀家制度で異端を取り締まっ

## 廃仏毀釈

幕末維新期の神仏分離政策に伴い生じた、お寺や仏像の破壊や僧侶の排斥など過激な廃仏行動のこと。幕末の儒学者や国学者が唱えた、神道と仏教をはっきり区別する思想に基づく。薩摩藩の廃仏毀釈は特に大規模だった。

### 神社本庁

**全国の大多数の神社を包括する宗教法人。明治維新後、国家の管理下にあった神社が、戦後の神道指令で国家から分離したことで1946年に設立された。伊勢神宮を本宗とし、現在は明治神宮北参道入り口に位置している。**

た。「祭り」が江戸屈指のエンターテインメントとなったのもこの時代。幕府の祖、徳川家康は没後、日光東照宮に神として祀られた。

神仏が共存してきた日本において、明治維新期の神仏分離令はまさに大事件であった。神道が国家の祭祀とされたのとは対照的に、廃仏毀釈《はいぶつきしゃく》で多くの寺が破壊の憂き目にあった。これに対し浄土真宗の僧、島地黙雷《しまじもくらい》などが仏教復興のため尽力し、大正期には膨大な仏典を収録した『大正新脩大蔵経《たいしょうしんしゅうだいぞうきょう》』が完成した。日本仏教が誇る遺産である。

戦後、ＧＨＱの神道指令によって神道は国家と切り離され、多くの神社は神社本庁が包括する宗教法人として再スタートした。

仏教が伝来して以降、約１５００年にわたり付かず離れずの関係だった神と仏。日本人の精神の礎がそこにあるのは、歴史から読み取れる。

# 神と仏の2500年史

※赤色＝仏教　緑＝神道　黒＝両方あるいは一般項目

| 年号 | 元号 | |
|---|---|---|
| 前463 | | 仏教の開祖・ゴータマ・シッダールダ（釈迦）誕生（前566、前624年など異説が多い）。 |
| 220頃 | | 奈良県桜井市に現在の纏向《まきむく》遺跡が成立。三輪神への信仰や新嘗祭の原型など、神道の原初的形態が見られる。 |
| 239 | 神功39 | 巫女として邪馬台国を治める卑弥呼が中国に使者を送る。 |
| 552 | 欽明13 | 百済の聖明王が仏像、仏具、経論などを献じ、仏教が日本に伝来（538年説もあり）。是非を巡って蘇我氏と物部氏は対立へ。 |
| 604 | 推古12 | 聖徳太子が十七条の憲法で三宝（仏、宝、僧）を敬うことを定め、仏教が国家的に保護されることに。 |
| 672 | 天武1 | 天武天皇即位。天皇一代に一度の大嘗祭や神宮の式年遷宮など、諸々の大規模祭祀が制度化される。 |
| 712 | 和銅5 | 太安万侶が稗田阿礼の誦《そら》んじた伝承や神話をもとに『古事記』を撰上。 |
| 720 | 養老4 | 舎人親王らが日本最初の正史である『日本書紀』を完成。 |
| 752 | 天平勝宝4 | インド人僧侶の菩提僊那《ぼだいせんな》を開眼導師として東大寺の大仏開眼供養が行われる。 |
| 806 | 延暦25 | 「伝教大師」最澄が唐から帰朝。比叡山延暦寺を根拠に天台宗を開く。独自に僧を養成するため大乗戒壇を設立。 |
| 816 | 弘仁7 | 「弘法大師」空海が高野山金剛峯寺に真言宗を開く。密教が隆盛を極める。 |
| 903 | 延喜3 | 菅原道真が配流先の大宰府で病没。以後、天災が相次いだため、北野天満宮に祀られることになる。 |
| 1052 | 永承7 | 平等院阿弥陀堂が創建される。この年から仏法が効力を失う末法に入ると信じられ、末法思想が流行する。 |
| 1063 | 康平6 | 源頼義が相模国由比郷に鶴岡八幡宮の前身となる社を建立。鎌倉武士に篤く崇敬される。 |
| 1191 | 建久2 | 栄西が宋より帰国して禅宗の一派である臨済宗を開く。同時に薬として茶をもたらした。 |
| 1224 | 元仁1 | 親鸞が浄土真宗（一向宗）を開く。極楽浄土での往生を願う人々から絶大な信仰を得る。 |
| 1232 | 貞永1 | 北条泰時が御成敗式目を制定。「神は人の敬によりて威を増し、人は神の徳によりて運を添う」の文言が有名。 |

| | | |
|---|---|---|
| 1253 | 建長5 | 日蓮が法華経を最高の経典とする日蓮宗を開く。『立正安国論』を著して北条時頼に進言するも、佐渡へ流罪に。 |
| 1282 | 弘安5 | 北条時宗が無学祖元を開山導師として円覚寺を創建。その後、建長寺とともに鎌倉五山のひとつとなる。 |
| 1386 | 至徳3 | 足利義満が中国の五山制度にならい、京都と鎌倉で五山十刹の制を定め、臨済宗が特に隆盛する。 |
| 1467 | 応仁1 | 応仁の乱により多くの寺社が焼失。式年遷宮など重要な祭祀が中断される。 |
| 1489 | 延徳1 | 吉田神道を確立した吉田兼倶が神器の吉田神社降臨を奏上。全国の神社支配の礎を築く。 |
| 1571 | 元亀2 | 織田信長が4000人の強大な僧兵を擁する延暦寺を危険視し、焼き打ち。 |
| 1602 | 慶長7 | 徳川家康の宗教政策により東西の本願寺が分裂。西本願寺は本願寺派、東本願寺は大谷派の本山となる。 |
| 1617 | 元和3 | 徳川家康を祀るため日光東照宮が造営。神号を巡って「大権現」を推す天海と「大明神」を推す崇伝らが対立。 |
| 1635 | 寛永12 | 江戸幕府が寺社奉行を設置。僧侶、神職の一切を取り締まる体制が整備される。 |
| 1663 | 寛文3 | 隠元が黄檗宗を開く。その孫弟子にあたる鉄眼の『黄檗版大蔵経』は、書物として仏教研究の飛躍的な発展に貢献した。 |
| 1665 | 寛文5 | 寺院を統制する諸宗寺院法度、神社を統制する諸社禰宜神主法度《しょしゃねぎかんぬしはっと》がそれぞれ定められる。 |
| 1671 | 寛文11 | 宗門改を全国的に実施。国民すべてがいずれかの寺の檀家に入る、寺檀《てらうけ》制度（檀家制度）が形成される。 |
| 1798 | 寛政10 | 本居宣長の『古事記伝』が成立。それまで軽視されていた『古事記』が脚光を浴びる。 |
| 1867 | 慶応3 | 大政奉還。古代国家の神祇官が再興され、神道は国教的立場へ。 |
| 1868 | 明治1 | 神仏分離令が発せられ、多くの寺院が廃仏毀釈の憂き目に遭う。 |
| 1900 | 明治33 | 皇太子（のちの大正天皇）の結婚式が神前で行われ、神前結婚式が本格的に始まる。 |
| 1945 | 昭和20 | GHQが神道指令を発布。国家と神道が切り離される。 |
| 1946 | 昭和21 | 全国神社を包括する宗教法人として神社本庁が設立。 |
| 1993 | 平成5 | 最古の木造建築物である法隆寺が日本で初めてのユネスコ世界遺産のひとつとして登録。 |
| 1996 | 平成8 | 広島県の厳島神社が原爆ドームとともに、世界遺産に登録される。 |
| 2007 | 平成19 | 『大正新脩大蔵経テキストデータベース』完成。膨大な仏典からテキスト検索が可能に。 |

# 神主さんとお坊さんに、訊きたかった疑問①

Q どうやったらなれますか?

A **神職** 資格が必要になります。皇學館大学や國學院大學など神道系の大学で所定の単位と実習を修めて卒業するか、階位検定講習会に参加して取得するのが一般的です。

**僧侶** 宗派やそのお寺の方針によって異なるので、一概には言えません。格の高いお寺での修行や大学の仏教学部を卒業するなど、さまざまなアプローチがあります。

両方に共通していますが、必ずしもそのお寺や神社の跡取りである必要はありません。

Q 職業人口はどのくらいですか?

A **神職** 2万人強くらいです。神社は全国で8万カ所あるといわれていますから、単純計算でも人数が足りないのは明らかです。地域によっては、1人で複数の神社の神職を務めるケースも珍しくありません。

**僧侶** 31万人くらいです。住職は店長のような役職なので、基本的にはひとつのお寺につき1人になります。

---

Q 女性でもなれますか?

A **神職** なれます。戦後になって制度が整いました。

**僧侶** なれます。いわゆる尼僧ですね。

Q 異動はありますか?

A **神職** 血縁による後継者が神職を務めている場合は、基本的にありません。

**僧侶** ありません。僧侶の急逝など緊急時に、ほかのお寺に助っ人をお願いすることはあります。

Q 休みはありますか?

A **神職&僧侶** あります。神社やお寺そのものは、年中無休が基本ですが。規模にもよりますが、週に1日のペースでお休みするのが平均的なところではないでしょうか。休む場合は誰かに助っ人を頼みます。

その功徳を体感したい、
24の**神社**とお寺。

# 伊勢神宮 Ise Jingu

# 永遠に続いていく、「神宮」という安らぎ。

天照大御神《あまてらすおおみかみ》を祀る伊勢神宮(以下、神宮)は、言わずと知れた日本最高格に位置づけられた神社である。

まず、俗世と神域を隔てる宇治橋を渡って内宮の境内に足を踏み入れると、流れている〝気〟が変わる。塵ひとつない参道、五十鈴川《いすずがわ》の澄んだせせらぎ、のびのびと枝を伸ばす木々、降り注ぐ木漏れ日。景色の一つひとつが安らぎとなり、自然と頬が緩む。そして、太陽神である天照大御神が祀られている素木《しらき》造りの正宮に至ると、その虚飾を排した無駄のない美しさに、厳かな気持ちがわいてくるのだ。

その昔、西行が「なにごとのおはしますかは知らねども　かたじけなさに涙こぼるる」と詠んだように、神宮で深い郷愁を感じたり、「物事の本質に気づかされた」という人は多い。それは、いったいどうしてだろうか。

神宮司庁広報室の河合真如《しんにょ》次長はその理由を「ここには人が生きるために必要不可欠な自然環境が保たれているからでしょう。森があって水があれば命の連鎖が生まれる。人の命の源流をたどれば森に行き着くから、魂の故郷を感じるのかもしれませんね」と語る。

内宮神域の森は5500ha。多くの野生動物が住むこの森と、そこから生まれる川の流れ。このふたつが〝偉大な鎮守の森〟としての安らぎをつくり出しているのは間違いない。

だが、立地のよさだけでは片付けられない魅力が神宮にはある。それは他の神社では見られない〝普遍の美〟だ。

三重県伊勢市に位置し、正式名称は「神宮」。天照大御神を祀る内宮、豊受大御神(とようけおおみかみ)を祀る外宮を中心とする125社の総称。内宮は約2000年前、外宮は約1500年前に設立。社殿は唯一神明造。

●(内宮)三重県伊勢市宇治館町1　(外宮)三重県伊勢市豊川町279　☎0596・24・1111(神宮司庁)
㊒内宮・外宮ともに:5時〜17時30分(1〜2月)　4時〜19時(5〜8月)
5時〜18時(3〜4月、9〜10月)　5時〜17時(11〜12月)
アクセス:(内宮)近鉄宇治山田駅からバスで15分　(外宮)JR・近鉄伊勢市駅から徒歩5分
www.isejingu.or.jp

五十鈴川の支流を越え、内宮の敷地内にある別社、
風日祈宮(かざひのみのみや)へと渡る風日祈宮橋。

内宮の境内を流れる五十鈴川。御手洗場の先には石畳が敷き詰められていて、ここでも手水ができる。

境内には神の使いといわれる鶏の姿も。さらに神宮には鯉も馬もいる。

春と秋の神楽祭では内宮の特設舞台で舞楽が披露される。誰でも鑑賞可。

神宮でははるか昔から現代まで、一切の環境が変わっていない。社殿は20年に1度建て替えられるため、常に若々しい清らかさを保ち、稲の生産・収穫にまつわる祭りや、神に食事を献納する朝夕の祭り「日別朝夕大御饌祭《ひごとあさゆうおおみけさい》」も、古式ゆかしいスタイルのまま、1日も欠かすことなく続けられている。こうした祭りは年間1500回以上あり、そのために神宮では自前の井戸や水田、畑、塩田、干物などの海産物の調整所や祭器類の製作所までを有している。

ちなみに、日ごと神の食卓に上る食事は、ご飯、魚類、昆布などの海藻、季節の生野菜と果物、塩、水、清酒とバラエティ豊か。

「こうしたお食事を差し上げるのは、恵みを与えてくださる神様に自分たちが作り、育て、採取したものの中から最高のものをお供えし感謝の心を込め、さらなる恵みを祈るためです」と、河合さん。神宮の祭りのベースにあるのは稲作文化。日本の土地に合う作物として稲を授けてくれた神に感謝を捧げる行為が多様な祭りに発展した。

「そのためには、春に種をまき、秋の収穫時まできちんと育てていかないといけない。米を育てるためには水が大事ですから、山も守らなくてはいけない。山が豊かであれば、そこから出るミネラルが海に注いで海も豊かになります。つまり、稲を作り、祭りを行う文化が食の保全と環境の保全につながって、見事に循環する永続性を生み出しているのです」

この神への感謝の究極的な姿が、20年に1度、神殿をすべて造り変える「式年遷宮《しきねんせんぐう》」だ。この祭りは約1300年前から続いており、次回2013年に向けてすでに祭りは始まって

内宮の祓所(はらえど)でのお祓いの儀式。神職たちの動きは無駄がなく美しい。

神田で収穫した稲を納める御稲御倉(みしねのみくら)。収穫祭にあたる神嘗祭(かんなめさい)ではここの稲を調理する。

御塩浜(みしおはま)という塩田で作られる堅塩。海水を汲み上げて煮詰め、土器に入れて焼き固める原始的な手法である。

天照大御神を祀る内宮の正宮を石段の下から望む。白絹の御幌の奥の御垣内（みかきうち）の中に本殿がある。御垣内は最も神聖な聖域で、特別参拝を許された場合のみ参入できる。

神が与えてくれる衣食住のすべてに感謝を捧げる神宮の祭り。奉納する神の衣もすべて自給自足だ。

いる。

「式年遷宮は神様を美しい御殿でお祀りしたいという、古代の人々の発想から生まれたもの。ある年限の中で御装束や神宝類、お社を新しくして命の永遠の連鎖を願う、究極の祈りと感謝のかたちだと捉えています。戦国時代や第二次世界大戦前後は国が乱れ、遷宮をできない時代もありました。用材の調達も含め、遷宮を無事に行えることは平和の象徴でもあるのです」

こうした祭りを参拝者が普段、目にすることはめったにない。だが、脈々と続く祭りの形跡は瑞々しい社殿に表れ、美しく掃き清められた境内の空気となって残っている。

経済も地球環境も未曾有の変化に見舞われているいまの時代に、こうした永続性を感じられること自体が貴重。神宮が多くの人を魅了するのは、その佇まいの中に、神としての自然と人間との豊潤な共生システムが息づいているからなのだ。

内宮、外宮とも、正宮と別宮の社殿隣にはほぼ同じ広さの敷地があり、20年ごとに社殿を建て替えて移す。写真は前回1993年の遷宮時、両敷地に正宮が並び立った珍しい一枚。森の緑に素木の白さが眩しい。

写真提供：神宮司庁

# 伊勢神宮に伝わる神宝に、1300年の技を見る。

20年に1度、「神々をお祀りする御社殿」を一新するという式年遷宮。神様の履《くつ》、襪《しとうず》(靴下)、太刀、枕、髪結い用のひも、化粧用の鏡、笠、火桶などの御装束神宝のすべて、合計714種、1576点もが新調される。

しかし、この習慣がいつ始まったかについては、明らかにされていない。第1回式年遷宮の持統天皇4(690)年から始まったと伝えられるが、平安期の『続日本紀』にある嘉祥2(849)年の「……神宝を伊勢太神宮に奉らるこれ二十年に一度奉る所の例なり」という記述が、公に伝えられる最も古い文献といわれる。つまり8世紀前後には、式年遷宮時に神宝を奉献する習慣が確立されていたということだ。

では、御装束神宝とはいったいなにを指すのだろうか。神宮の博物館である神宮徴古館《じんぐうちょうこかん》によると、「神々の普段の生活で御用をつとめる必需品一式」。現代の感覚でいえば、衣服、椅子、文房具、部屋を飾る調度品などの一切合財ということだろう。

さらに紡績具や機織機、武具に武器、馬の鞍、楽器などが加わる点は神宝ならでは。奈良や平安時代の貴族文化もうかがえるが、神宝の場合は宮廷文化をさらにブラッシュアップさせ、美の極みを目指したものといえそうだ。

こうした神宝類は時代によって、多少のディテールの変遷はあったが、基本的には原型が忠実に再現されてきた。製作は人間国宝など、当代随一の名工が担当している。

ちなみに、被災地の神社に移築されたり、宇

**重要文化財『伊勢参詣曼荼羅』(『両宮曼荼羅』)**

Isesankei Mandara (Ryouku Mandara)

室町時代　16世紀　1幅

神宮徴古館蔵

中世から近世にかけての伊勢神宮に寄せられた信仰の様子を表す貴重な絵画。左側に内宮、右側に外宮が描かれている。左奥は人々が参拝前に禊ぎをしたと伝えられる二見浦。奥には富士山の姿も。伊勢に来たことがない絵師が描いたらしく、社殿や御垣が実際とは異なる赤色に塗られている。

治橋や鳥居となってリサイクルされる遷宮後のお社と違い、過去の神宝類は、江戸期までは燃やすか地中に埋めて処分されてきた。つまり、神宝が民の目に触れることはまずなかったのだ。一般人が神宝を拝めるようになったのは、明治以降に神宝の保存が始まり、明治42年に神宮徴古館が設立されてから。いまだ謎も多い神宮の御装束神宝。そこには神を尊ぶ人の思いが込められている。

**重要文化財『男神坐像』**
Danshin Zazou
平安時代　9世紀
京都・松尾大社蔵

現在、知られている神像のなかで最古の作品。平安時代に最も崇敬された神のひとつ、松尾神を具象化したもの。装束は当時の貴族と同様で、冠と袍（ほう）を身に着け、髭をたくわえた威厳のある表情に造られている。服のひだの描写も上品でていねい。女神、壮年の男神とともに三体で一具をなす。

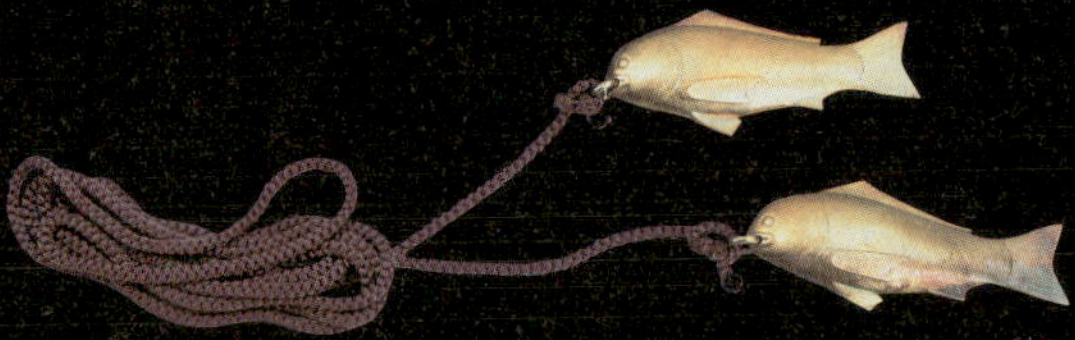

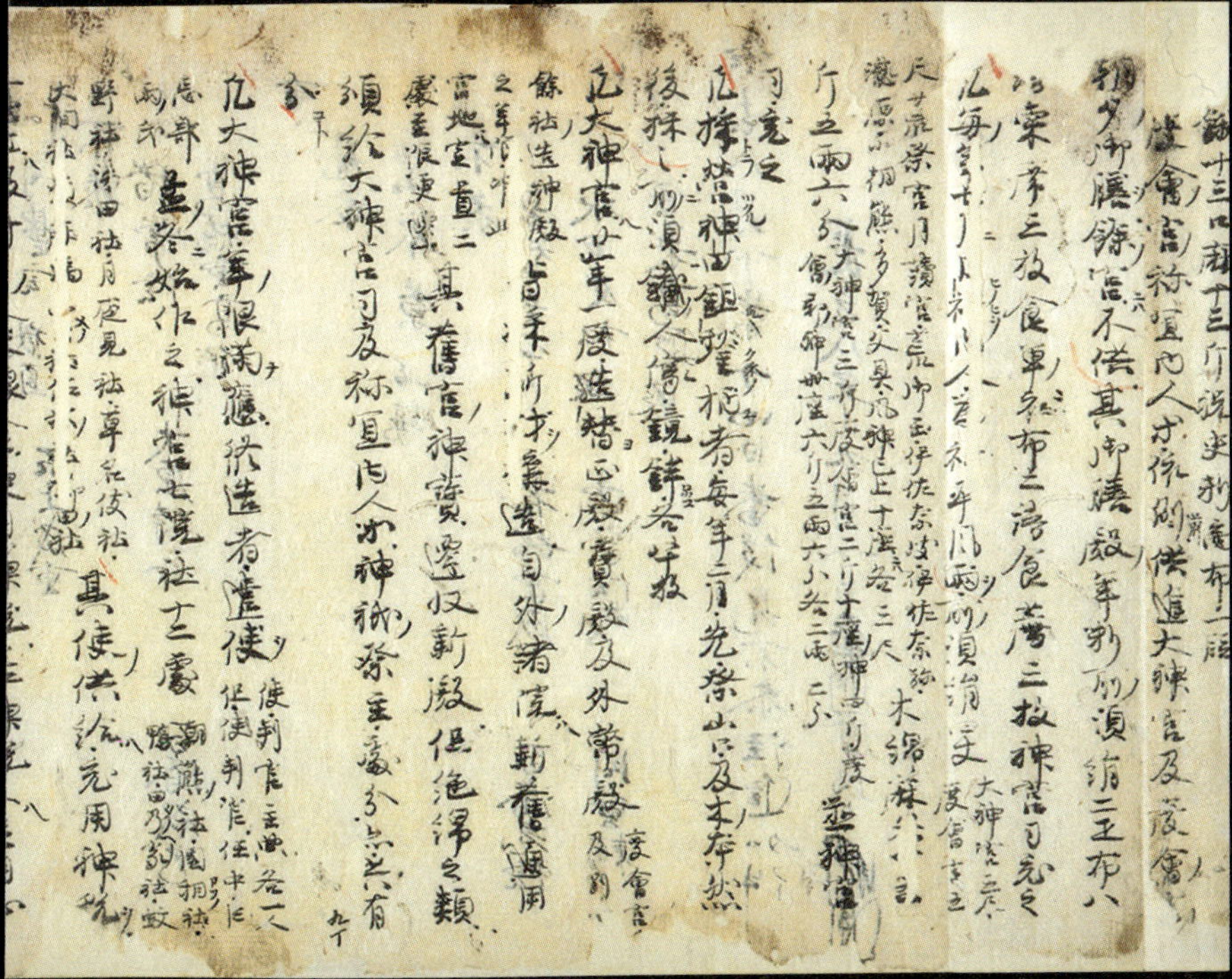

Image: TNM Image Archives

**国宝『延喜式』(巻四 大神宮式)**
Engishiki (Maki Yon Daijingushiki)

平安時代　延長5(927)年
東京国立博物館蔵

平安時代中期に編纂された律令制の施行細則が延喜式。この巻四「大神宮式」は伊勢神宮に関する規定を記す。この書物によって式年遷宮時の神宝の調達・製作が法的に義務付けられた。だが、武士の時代の到来とともに延喜式は力を失い、戦国時代には式年遷宮自体が滞ることも。

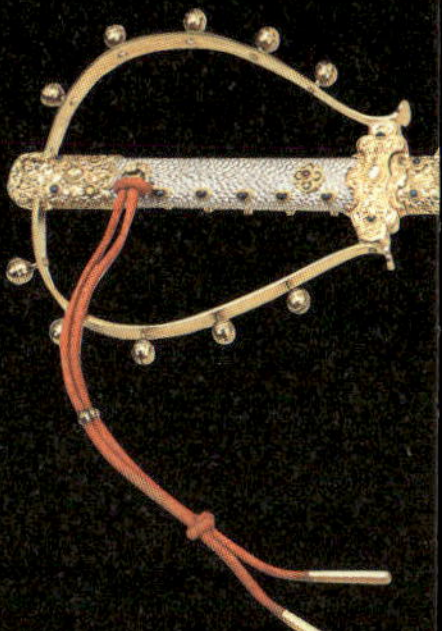

**『玉纏御太刀/附 鮒形』**
Tamamakino Ontachi/
Tsuketari Funagata

昭和4(1929)年調進
神宮司庁蔵

琥珀、瑪瑙(めのう)、水晶、瑠璃と5色の吹玉を約450丸もちりばめた飾り太刀。鈴がついている輪金は神宮の神宝独特の特殊な形態だ。皇大神宮(内宮)の御料(ごりょう)。刀身は直刀で刃文も直刃。神宝として納められる御料の太刀はすべて直刃だ。

神社&仏閣

神社

# 出雲大社

Izumo Taisha

## 大らかな心で、「大国《だいこく》さん」にお参りする。

出雲大社は〝天下泰平〟という言葉を思い起こさせる神社だ。広い参道の両脇には大きく幅を利かせた松の巨木が並び、御仮殿と神楽殿の注連縄《しめなわ》は圧倒されるほど太い。分厚い檜皮葺きの屋根をのせた大社造の本殿も、たくましさやみなぎる生命力を感じさせる。

こうした大らかな空気は、出雲という土地自体にも流れている。果てしなく続く平地には田畑が広がり、日本海や宍道湖の恵みも豊かだ。

だが神話によれば、この出雲の大らかな風土は、神々の活躍によって土地が整備された結果、手に入ったもの。高天原《たかまのはら》を追われた素戔嗚尊《すさのおのみこと》のヤマタノオロチ退治があり、その子孫の大国主大神《おおくにぬしのおおかみ》による国土整備の歴史があったからこそ、人が暮らしやすい風土が生まれ、高天原の天照大御神に〝国譲り〟を求められるまでになった。

出雲では、そんな神話の世界がとてもリアルに感じられる。たとえば、ヤマタノオロチと形容される斐伊川《ひいかわ》の両脇には高さ数mの堤防が延々と築かれ、洪水時の凄まじい力を想像させる。出雲大社の二代前の宮司、故・千家尊統《せんげたかむね》さんはその著書の中で「素戔嗚尊の大蛇退治の神話は、斐伊川の治水にとりくみ、悪戦苦闘した上代の人々の理想像」と語っているが、そうであれば出雲大社の主祭神・大国主大神も、安全に暮らせる国造りに務めた人々の理想像だろう。苛めや試練を乗り越えながら一人前の男として成長し、女神を含む多くの神々の力を借りながら国土を整備した大国主大神神話は、

島根県出雲市にあり設立は1350年以上前。平安期までの本殿の高さは48mに達していたと推測される。現在の本殿は1744年に建立された。主祭神は大国（だいこく）さんこと大国主大神（おおくにぬしのおおかみ）。

●島根県出雲市大社町杵築東195　☎0853・53・3100
㊊6時〜20時
アクセス：一畑電鉄出雲大社前駅から徒歩10分。JR出雲市駅からバスで25分
www.izumooyashiro.or.jp

八雲山を背に威風堂々と立つ本殿と御仮殿。本殿の檜皮をすべて葺き替える作業が進行中のため、御神体は御仮殿に移っている。両者の間には古代の巨大神殿が存在したことを裏付ける柱の遺跡も発見された。

"神様界の島耕作"と呼びたいほど人間くさく、シンパシーさえわく。出雲では親しみを込めて「大国《だいこく》さん」と呼ばれる大国主大神。「大国さんに倣って努力をしよう」という教えが、この地方ではいまも語り継がれているのだ。

出雲大社の注連縄が大きい理由も、古代人の「大国さん」信仰の強さにカギがありそうだ。大昔のこの地方では巨大なものを好む傾向が強く、鎌倉時代以前の出雲大社の本殿は48mもの高さがあった。この高さの理由は「国譲りの際、天照大御神に劣らぬ神殿を建ててくれと大国主大神が頼んだから」「灯台としての機能をもたせた」「見張りの台でもあった」など諸説あり、さらに「他の神々と違って大国主大神は特別な神様。だから、より素晴らしい神殿にお祀りしたいという古代人の気持ちの表れでは」ともいわれている。

何度も風雨に倒れ、その度に建て直されたという巨大な本殿。その古代人の強い思いはきっと、太い注連縄にも込められている。原始の頃より独自の開拓の歴史をもつ出雲。出雲大社には当時から受け継がれた出雲人のDNAが、色濃く息づいている。

摂社の氏社(うじのやしろ)は本殿と同じ大社造。日本最古の神社様式だ。

縁結びを筆頭にさまざまな御神徳で知られるだけあり、おみくじや絵馬の数がすごい。

巨大な注連縄が威容を誇る神楽殿。御祈祷や御神楽を行う大広間は120畳あり、巨大神殿の伝説を想起させる。昭和56年に新築された建物で、注連縄は5tの重量がある。

# 神社&仏閣

本殿の檜皮を60年ぶりに葺き替える大遷宮事業は2013年に完遂される。

神々が出雲に集う神無月(出雲では神在月)に宿となる十九社(じゅうくしゃ)。

# 大神神社

Omiwa Jinja

## 原初の信仰をいまに伝える、大和《やまと》の神社。

奈良県桜井市にある日本最古の神社のひとつ。神体山の三輪山に鎮座する主祭神は大国主大神の和魂(にぎみたま)の大物主大神(おおものぬしのおおかみ)。国土開発から造酒、製薬、治病、縁結びなど、人間生活全般の守護神。

●奈良県桜井市三輪1422　☎0744・42・6633
参拝自由
アクセス:JR三輪駅から徒歩5分
www.oomiwa.or.jp

西の方角から大神《おおみわ》神社に近づいていくと、鳥居の向こうに円錐形の美しい山が見えてくる。これが大神神社の御神体である三輪山だ。この山に宿る神は大物主大神《おおものぬしのおおかみ》で、出雲大社の主祭神・大国主大神の和魂《にぎみたま》(※)である。

通常、神社には御神体を祀る本殿があるが、三輪山のふもとに立つ大神神社には本殿がない。参拝者は正面の拝殿から直接、三輪山を拝むことになり、拝殿奥にある三ツ鳥居の向こうはすぐに禁足地となる。拝殿に上げていただいて三ツ鳥居に近づくと、ひんやりした山の空気が漂ってきた。

大神神社では山や川、滝や岩といった自然そのものに神々を感じていた原初の信仰の形を実感することができる。たとえば、参道の傍らや山中に点在する「磐座《いわくら》」「磐境《いわさか》」という岩の塊。これは古代人が祭事の際に神を招く拠《よ》りしろとして使ったもので、日本に神社が登場する以前の縄文時代にはもっぱらこの方法がとられていたという。

また、大物主大神の化身として、いまでも蛇が崇敬されている点も縄文時代的。大神神社には蛇の姿の大物主大神が人間に姿を変えて姫の元へ通う話や、目を爛々と輝かせ、雷鳴をとどろかせて天皇を威嚇する「三輪山の神」としての大蛇の話など、蛇にまつわる神話が多数、残っているのだ。

そのため、現在も蛇が大切にされ、「巳《み》さん」の愛称で親しまれている。卵や酒のお供えも絶えず、手水舎近くに蛇が姿を現すと、これをひ

※和魂:神の和やかな面を表す魂。幸運やチャンスをもたらす幸魂(さちみたま)・奇魂(くしみたま)ともいわれる。

拝殿は1664年、4代将軍徳川家綱の造営。切妻造の主棟に大向拝(だいこうはい)が付属する。

大和盆地の東南に位置する三輪山は高さ467m、周囲16km。松、杉、檜などに覆われた秀麗な神奈備山。

境内の「巳の神杉」には、神の化身である白蛇が住んでいたという。いまも祈りを捧げる人が並ぶ。

と目拝もうと人だかりができるそうだ。

「原初の人々は、自然の中に神が宿ると思っていました。神は山や岩に降臨するもので、動物も神の化身と考えました。偉大な動物に対する尊敬の気持ちが強かったのです。縄文人の蛇に対する畏怖の念は特に強く、蛇の飾りがついた土偶や土器も多く発見されています。ところが時代が下がると、人格神へと神の姿が変わっていき、蛇が悪者として描かれる伝説が増えていきます。これは、人間が自然から離れていったことの表れだと思いますね」

　こう語るのは大神神社の平岡昌彦広報課長。「日本最古の神社」ともいわれる大神神社には縄文時代の気配が色濃く残っているようだ。

　さて、本格的に原初の信仰形態を体感してみたいなら、三輪山の登拝をお薦めする。拝殿から参道を5分ほど進んだ摂社・狭井《さい》神社の境内には三輪山への入山口があり、登拝の許可を得てお祓いを済ませれば誰でも入山ができる。途中には磐座や滝があり、身が引き締まるほどの神気が漂っている。

　また、山の辺の風景を楽しみながら山麓に点在する摂社を巡るのも、この神社の魅力を堪能するよい方法だ。芳しい山の神気を存分に浴びれば、ストレスも消えてしまうだろう。

「生活全般を守護する大和の守り神」といわれる大神神社。その御神体たる山は、あらゆる生き物を育み癒す穏やかな慈愛に満ちている。

拝殿に至る参道は森に覆われ、昼間でも薄暗いほど。聞こえるのは、鳥の声と沢の水音だけだ。

## 神社&仏閣

神社の入り口であると同時に、山の入り口でもある二の鳥居。早朝から散歩かたがた、参拝に訪れる近隣の人の姿が絶えない。

拝殿入り口の手水舎も蛇がモチーフ。最近はこのあたりに「巳さん」が登場することが多いとか。

造り酒屋の軒に吊るされる酒造りのお守り「しるしの杉玉」は、三輪山の杉の葉で作られたもの。

狭井神社の境内にある三輪山への入山口。往復2時間強。傾斜もきつい。登山のつもりで入山を。

# テーマ別でセレクト、一度はお参りしたい神社。

## 正しき由緒と、歴史を彩るエピソードに触れる。

歴
神社

## 日吉大社
Hiyoshi Taisha

ふたつの本宮と5つの摂社からなり、写真は大己貴神（おおなむちのかみ）を祀る西本宮の本殿と拝殿。手前の拝殿は重要文化財、奥の本殿は国宝の指定を受けている。

比叡山のふもとにあり、全国3800社の日吉神社と日枝神社の総本宮。大山咋神（おおやまくいのかみ）を古くからの祭神とし、御霊が降り立つ比叡山を御神体とする。開山以来、守護神として延暦寺と関係が深く、僧兵たちが強訴を行った際、神威として担ぎ出されたのはこの神輿だった。

多くの武将に信仰され、鎌倉幕府陥落の立役者である新田義貞は、戦勝祈願にここをひそかに訪れ、名刀「鬼切」を奉納したという。

織田信長には延暦寺とともに焼き打ちの目に遭わされるが、豊臣秀吉からは社の復興への尽力など、ひとかたならぬ援助を受けた。というのも秀吉は幼名を「日吉丸」といい、なおかつあだ名の「猿」が、ここでは神使（しんし）として信仰されているという深い縁があったからだとか。

●滋賀県大津市坂本5-1-1
☎077・578・0009
㊊9時～16時30分
アクセス：JR比叡山坂本駅からバスで5分、徒歩20分。
京阪電車坂本駅から徒歩10分
www6.ocn.ne.jp/~hiyoshi3

# 貴船神社
Kifune Jinja

京都の鴨川の水源のひとつである貴船川の上流に位置し、古くから水を司る神として崇められてきた。各地におよそ500社ある貴船神社の総本社。もともとの鎮座地である奥宮の創建年代は明らかになっておらず、伝説では1600年ほど前と伝わっている。

この地に水の神を祀った玉依姫命（たまよりひめのみこと）が黄色い船に乗っていたのが地名の由来とされ、奥宮境内の「船形石」は、その船を小石で隠したものという伝承がある。古くより航海安全の象徴とされ、漁業関係などの人々から篤く信仰されている。

紅葉の名所であると同時に、縁結びの神としても信仰され、平安時代の歌人、和泉式部もお参りし、不和となった夫と復縁した逸話が知られている。その際に詠んだ歌が後拾遺和歌集に収録されていることも有名である。

社殿は貴船川の上流に向かって本宮、中宮、奥宮の順に続き、途中には由緒ある岩や名木が点在し散策コースとしても人気が高い。写真は本宮の入り口にある二の鳥居。

●京都府京都市左京区鞍馬貴船町180　☎075・741・2016
㊊6時〜20時(4/1〜12/14)　6時〜18時(12/15〜3/31)
※正月や大晦日、ライトアップ期間などは変更あり
アクセス：叡山電鉄貴船口駅からバスで5分、徒歩30分
http://kibune.jp

# 諏訪大社
Suwa Taisha

諏訪湖の南側に本宮と前宮からなる上社が、北側には春宮と秋宮からなる下社があり、四宮合わせて一社となる。全国の諏訪神社の総本社であり、国内で最も古い神社のひとつとされる。

祭神は、大国主命の御子である建御名方神（たけみなかたのかみ）。古くから武勇の神として知られ、鎌倉時代以降は武門・武将の守護神として篤く信仰された。なかでも熱心だったのが武田信玄で、たびたび戦勝祈願を行い、戦の際は「諏訪明神」の旗を陣地に立てたという。

社殿の四隅に御柱（おんばしら）と呼ばれる大木が立っているが、この柱は7年目に一新され、その際に行われる御柱祭は全国的に知られている。多くの観衆を集める「木落し」で、氏子をのせたままの大木が斜面を滑り落ちる様子は豪快そのものだ。

徳川家康が寄進した四脚門などが境内に残る、上社の本宮。幣拝殿、片拝殿が横に並ぶ「諏訪造」という独特の様式。上社本宮では背後の山を御神体として拝んでいる。

●(上社本宮)長野県諏訪市中洲宮山1
☎0266・52・1919　参拝自由
アクセス：JR茅野駅からタクシーで10分
(下社秋宮)長野県諏訪郡下諏訪町5828
☎0266・27・8035　参拝自由
アクセス：JR下諏訪駅から徒歩10分
www.suwataisha.or.jp

徳

神社

# 縁結びから〝おみちびき〟まで、御神徳に誘われる。

## 西宮神社

Nishinomiya Jinja

商売繁盛をもたらす「えべっさん」として関西圏で人気を誇る西宮神社。七福神の1人、えびす様を祀る恵比寿神社の総本社となっている。伊邪那美命（いざなみのみこと）と伊邪那岐命（いざなぎのみこと）から生まれた蛭子（ひるこ）を祀り、もともとは漁業の神として信仰されていた。室町時代から商売の神として定着、毎年1月の「十日えびす」は100万人の人出で賑わう。

写真は本殿。年初に行う「福男選び」も、全国ニュースで放映される風物詩だ。

●兵庫県西宮市社家町1-17
☎0798・33・0321
㊎5時〜18時　※季節により変動あり。
アクセス：阪神電鉄西宮駅から徒歩5分、JRさくら夙川駅から徒歩8分

## 八重垣神社

Yaegaki Jinja

「神々の集まりし国」出雲にあって、縁結びの御神徳で知られているのがこの神社。祭神は八岐大蛇（やまたのおろち）を退治した素盞嗚尊（すさのおのみこと）と、その妻である稲田姫命（いなたひめのみこと）。境内の奥には稲田姫命が八岐大蛇から身を隠した際、日々その姿を映したとされる鏡の池がある。池では紙に硬貨を載せて浮かべ、縁の遅速を占う「縁占い」ができる。

境内の宝物所蔵庫で公開されている、六神像を描いた壁画でも知られている。

●島根県松江市佐草町227
☎0852・21・1148
㊎9時〜17時
アクセス：JR松江駅からバスで20分

## 猿田彦神社

Sarutahiko Jinja

伊勢神宮の内宮の近くにあり、祭神は猿田彦大神（さるたひこおおかみ）。邇邇芸尊（ににぎのみこと）が高千穂へ降臨した際、案内したのがこの神様。天照大御神の鎮座の場所を求めて倭姫命（やまとひめのみこと）が伊勢にやって来た際も、子孫が先導を果たしたという。物事を正しい方へ導く〝おみちびき〟の御神徳で知られ、転職の成功から交通安全まで広く信仰を集めている。

境内には天宇受売命（あめのうずめのみこと）を祀った佐瑠女神社もある。

●三重県伊勢市宇治浦田2-1-10
☎0596・22・2554
参拝自由
アクセス：JR伊勢市駅からバスで15分
www.sarutahikojinja.or.jp

景
神社

# 思わず息を呑む、圧倒的なランドスケープ

## 神倉神社
Kamikura Jinja

熊野三山のひとつ、熊野速玉大社の摂社であり、熊野三所権現が最初に降臨した地でもある。山の中腹に忽然と現れる巨大岩は、神の降り立つ磐座（いわくら）として古くから信仰を集めたゴトビキ岩。山全体がこの神社の境内であり、麓から石段を上がっていくと、頂の近くで10mを超える巨岩と小さな社殿にたどり着く。海を遠くに見渡す頂上からの眺めも特筆もの。

新宮の町からはるか先に見上げた、ゴトビキ岩と神倉神社の小さな社殿。

●和歌山県新宮市神倉1-13-8
☎0735・22・2533
参拝自由
アクセス：JR新宮駅から徒歩20分
www.kumanokaido.com/hayatama

## 戸隠神社
Togakushi Jinja

鎮座から2000年におよぶという、戸隠山の麓に鎮座する神社。天手力雄命（あめのたぢからおのみこと）が天岩戸をこじ開けた時、その岩が飛んできて戸隠山になったとされ、天手力雄命らが祭神として祀られている。奥社、中社、宝光社の3社から構成され、かつては修験道の道場として知られていた。奥社に至る参道には樹齢400年を超える杉並木が続く。

写真提供：アフロ

杉並木の中ほど。遠くに見えるのは随神門。境内には神仏習合時代の名残も。

●長野県長野市戸隠3506　☎026・254・2001
参拝自由
アクセス：奥社入り口まではJR長野駅からバスで1時間、そこから徒歩40分
www.togakushi-jinja.jp

## 青島神社
Aoshima Jinja

日向灘に突き出た島を境内とする。亜熱帯の空と海、「鬼の洗濯岩」と呼ばれる岩の浜に囲まれた朱塗りの鳥居が、どこかシュールな景観をつくり出している。祭神は山幸彦として知られる火遠理命（ほおりのみこと）ら三柱の神。山幸彦が建てた宮が始まりとされ、1月に行われる裸参りは、海から戻った山幸彦を人々が着るものも着ずに迎えたという神話に基づいている。

「鬼の洗濯岩」の向こうに鳥居を見て。青島は天然記念物に指定されている。

●宮崎県宮崎市青島2-13-1
☎0985・65・1262
㊐5時30分～日没（3～10月）
6時～日没（11～2月）
アクセス：JR青島駅から徒歩10分
www9.ocn.ne.jp/~aosima

福井県吉田郡永平寺町にあり、神奈川県横浜市の総持寺と並ぶ曹洞宗の大本山。1244年に道元禅師により開かれた。常時200人前後の雲水(修行僧)が生活。現在も道元禅師が定めた作法に従い、禅の修行が営まれている。

●福井県吉田郡永平寺町志比
☎0776·63·3102
㊎8時〜19時　※季節により変動あり
㊕¥500　アクセス:えちぜん鉄道永平寺口駅からバスで10分



# 大本山永平寺

Daihonzan Eiheiji

# 日々の生活のすべてが、禅の修行と知る。

神社を包む崇高な空気を、人知を超えた神々しさとするならば、寺院に漂う荘厳さは、仏の教えを受け継いできた人々の営みからくるもの。連綿と伝えられてきた精神は、そこで精進する僧のみならず、建物を含めた境内全体に行き渡っているように感じられる。

そうした思いをひと際、強く抱かせるのが、曹洞宗の大本山永平寺。三方を山に囲まれた地に立ち、現在も雲水と呼ばれる僧たちが厳しい日課に励む修行道場だ。境内に一歩足を踏み入れると、緑の中に立ち並ぶ門やお堂の凛とした姿に、はっと身が引き締まる。

やはりここは、リアルな修行の場なのだ。永平寺の伝道部講師を務める山縣洋典《やまがたようてん》さんの言葉が、胸に深く染み渡る。「ここには、目を楽しませる豪華な建物や仏像はありません。なぜなら永平寺は、修行に励む雲水がすべてなのです。雲水が宝であり、永平寺そのものだといえるでしょう」

その雲水は、果たしてどんな日々を送っているのだろうか。曹洞宗は禅宗ゆえ、修行の根本となるのは坐禅である。開祖の道元禅師は宋で学び、1244年に永平寺を開いた。その教えの第一歩は「只管打坐《しかんたざ》」。意味するところは「ただ座りなさい」だ。

坐禅とは、悟りをひらくために行うのでは?曹洞宗の坐禅では、答えは否。あらゆる思いを捨てて壁に向かって座る。只坐《ただすわ》ることが、自我から解放される道であるというのが、教えの真意・真髄であると説く。

正門をまっすぐ進むと目に入る唐門。巨大な杉木立に囲まれた堂々たる姿には、畏敬の念を覚えずにいられない。新たな住職が正式に入山する時などに開かれる特別な門だ。

さらに、坐禅のみならず「生活のすべてが修行」だという。200人前後の雲水が常在するこの道場では、いまでも道元禅師が定めた規則にならった生活が行われている。食事や洗面、便所の作法まで細かく定められているが、その基本は威儀を正し、我執《がしゅう》を捨てて他人を思いやるということだ。

「つまりは人間が人間らしくあるために、当たり前のことを当たり前にやれということです。この修行の実践が750年間も変わることなく続いているのは、その教えになにひとつ過不足がないからだと思います」と山縣さん。思わず自分の日々の生活にも思いがおよぶ。とりわけ、皆の日々の食事を作ることが、いかに大事な修行であるかと聞き納得。食べる人を思いやり、心を込めて調理するというのは、忘れてはいけないことだと改めて気づかされた。

永平寺では、雲水の案内で伽藍を巡りつつ、こうした修行の様子をうかがい知ることができる。黒装束姿も初々しい若い僧が、ていねいに説明してくれるさまが好ましい。観光客へのガイドも修行のひとつなのだ。諸堂塔の中でも特に重要な「七堂伽藍」と呼ばれる7つの建物を中心に巡っていくのだが、渡り廊下でつながっているため拝観は実にスムーズ。廊下が見事なまでにツヤツヤと輝いているのは、雲水が日々行う雑巾がけの賜物だ。

堂々たる威容を放つ「山門」は、永平寺の正式玄関。伽藍の中心にある「仏殿」には、本尊の釈迦牟尼仏《しゃかむにぶつ》を祀る。「僧堂」は雲水の根本道場であるため中に入ることはできないが、各人畳一畳分が割り当てられており、坐禅に加え食事や睡眠の場にもなるところだ。いちばん奥の高台に立つ「法堂」では、法要儀式や説法が行われる。山内の食事を整える場所が「大庫院」。「東司《とうす》(お手洗い)」と「浴室」は僧堂と並んで私語を発してはいけない「三黙道場《さんもくどうじょう》」と呼ばれている。私語や大声を控える代わりに、鐘や太鼓といった鳴らし物で合図を行う。実に無駄のない、厳然とした生活が浮かび上がってくる。

寺の脇を流れる永平寺川上流の水を引いてつくられた玲瓏の滝。水音やしぶきが涼しげだ。

六角形の塔は写経を納めるための納経塔である。全国から集まった写経が納められている。

宋風様式の威厳に満ちた山門。入山を志した雲水は、まずこの門前に立つ。再びこの門を通ることができるのは、修行を終えて下山する時だけだ。

永平寺の表玄関である正門。前面道路と5cmほどの段差があり、俗世間との境界になっている。

伽藍の多くは、渡り廊下や階段でつながっている。雲水が毎朝、雑巾で磨き上げているためピカピカだ。

ご本尊の釈迦牟尼仏が祀られている仏殿。その右側には未来弥勒仏、左側には過去阿弥陀仏が祀られている。

雲水は毎日、朝と夜に坐禅修行を行っている。「体をまっすぐにすれば心もまっすぐになる」とのこと。

法堂から見下ろした、仏殿の後ろ姿。法堂は伽藍の中でいちばん高い場所にあるので、実に眺めがいい。

山門の正面に掛けられているのは、大迫力の「吉祥の額」。山号を吉祥山と命名した由来が書かれている。

大庫院の前にある、「雲版」と呼ばれる鳴らし物のひとつ。食事の用意をする合図として打ち鳴らされる。

こうした道場の精神を、実際に体験し感じることもできる。3泊4日の本格的な修行を勤めることもできるが、1泊2日の「参籠《さんろう》」も可能だ。基本的な所作や決まりを学び、朝夕の坐禅や食事も修行として体験し、永平寺の僧侶全員が集う早朝のお勤めにも参列。厳かな場で読経の圧倒的なバイブレーションに身を委ねていると、ふっと心が軽くなったような気がした。

求めれば、禅の精神の一端に触れられる場がいつも開け放たれている。その懐の深さに、人を宝とする寺の真髄を見た気がした。

坐禅の際、眠ったり姿勢が崩れたりした場合は、指導に当たる僧がピシリと一打。空気が一気に緊張する。

法堂で毎朝行われる朝課(朝のお勤め)は壮観。山内の僧が一堂に会し、入堂から読経、退堂まで一糸乱れぬリズムで行われる。参籠体験では、この行事に参列し焼香することも可能。なお、宿泊者以外は要予約。

山門奥にある仏殿を中雀門を通して見上げた美しい眺め。雲水はここを通るたび、仏殿に拝礼している。

山門の手前にある鐘楼堂。テレビ中継される除夜の鐘でも名高いが、毎日数回と特別な行事の際に撞かれる。

# 比叡山延暦寺

Hieizan Enryakuji

## 1200年の歴史を刻む、聖なる母山。

滋賀県大津市にある天台宗総本山。788年最澄が比叡山寺を創立したのが始まり。天台宗開宗が許された806年以降、高僧や新仏教の開祖を多数輩出。日本仏教の母山とも称される。1994年、ユネスコ世界遺産に登録。

● 滋賀県大津市坂本本町4220　☎077・578・0001
㊊東塔地区：8時30分〜16時30分（3〜11月）　9時〜16時（12月）　9時〜16時30分（1〜2月）
西塔・横川地区：9時〜16時（3〜11月）　9時30分〜15時30分（12月）　9時30分〜16時（1〜2月）
※受付は閉堂の30分前まで　㊕¥550（東塔・西塔・横川共通券）
アクセス：坂本ケーブル延暦寺駅から徒歩8分　www.hieizan.or.jp

比叡山には霧が似合う。麓の琵琶湖を見渡せる晴れやかな眺めも素晴らしいが、雨にけむり深い霧が立ちこめるさまは、古来より霊峰と仰がれてきただけの神秘と威厳に充ち満ちている。この聖なる山そのものを境内としているのが、天台宗の総本山である比叡山延暦寺。延暦寺とは、単独の寺を指すのではなく、山に点在する堂塔伽藍や周りを取り巻く自然、身を置く人々も含めての総称だという。

「この世に存在するすべてのものに仏が宿るというのが、天台の教え。山の清浄な空気に包まれながら諸堂を巡れば、自然を慈しむ心にもつながるこの精神を、自ずと感じていただけるのではないでしょうか」

こう語るのは、延暦寺一山戒光院《いっさんかいこういん》住職の高山良彦《りょうげん》さん。その穏やかな言葉を心にしまいつつ、1200年もの歴史を刻んできた厳かな地をゆっくりと歩いてみたい。

ほの暗い堂内に、ふわりと光を放つ3つの灯籠。幽玄な明かりは1200年にもわたって輝き続けていると聞き、歴史の重みをずしりと感じる。のちに「伝教大師」と称された最澄がこの地で比叡山を開山して以来、守り継がれてきた「不滅の法灯」である。

「伝教大師が天台宗を末永く広めたいと願い法灯を掲げられた通り、この灯《ひ》は持続させることの大切さを語りかけている気がします。なにか目標をもったなら、それを絶やすことなくもち続ければ困難な状況にも光が差すのではないかと思ってもらえれば幸いです」

威風堂々たる根本中堂を、石段上の文殊楼（もんじゅろう）から見下ろす。現在の建物は、織田信長の比叡山焼き打ち後、徳川3代将軍家光の命により復興されたもので、国宝に指定されている。

高山さんはそう語る。神秘的な明かりを見つめていると、静かに励まされているような気分になってきた。

この法灯が安置されているのは、延暦寺の総本堂である「根本中堂《こんぽんちゅうどう》」。最澄が比叡山に籠もり、最初にむすんだ草庵が発展したものだ。この根本中堂を中心とした東塔と呼ばれるエリアが、延暦寺発祥の地。その後、東塔に加えて西塔、横川という3つの地域へと修行の地が広がっていった。それぞれの地を巡ると、随所に「法然上人ご修行の地」「親鸞聖人ご修行の地」といった石碑が目につく。法然、親鸞、栄西、道元、日蓮……いずれも、後年の鎌倉期に新たな宗派を開いた高僧たちだ。

天台の基本となる法華経に加え、密教や禅などのあらゆる教えを学ぼうとした最澄。その真摯な思いが、延暦寺を仏教の総合大学のごとき学舎に発展させた。その結果、さまざまな新宗派の担い手が生まれ、この地は日本仏教の母山と称されるようになった。綺羅星のごとき名僧たちの修行の足跡をたどりながら歴史の深みを感じるひと時こそ、比叡山歩きの醍醐味だ。

東塔から1kmほど離れた西塔、さらに4kmほど奥にある横川へ向かうと、周りの自然がいっそう静寂さを帯びてくる。その中に溶け込んで点在する堂塔は、気高くも穏やかな表情だ。

たとえば、西塔の杉木立の間を行くと現れる「にない堂」。法華堂・常行堂《じょうぎょうどう》という修行のための二堂が渡り廊下でつながっており、朱塗りの柱と地面を覆い尽くす深緑の苔とが相まって、一幅の絵のような美しさだ。また、多くの文学作品の舞台となっている横川では、庶民に愛されてきた「元三大師堂《がんざんたいしどう》」が落ち着いた佇まいを見せる。ここは法華経の論義が行われた場だが、おみくじの発祥地としても名高い。

比叡山の中で最も清らかな場所とされるのが、東塔と西塔の間にある「浄土院」。ここは最澄の廟所《びょうしょ》であり、現在も修行僧が霊前に仕え、厳しい戒律に基づく勤行を実践している。

杉の古木がそびえたつ山道を歩いてみる。近

根本中堂内で、ほのかな光を脈々と放ち続ける釣灯籠「不滅の法灯」。灯籠奥の厨子の中には、最澄自らが刻んだものと伝えられる秘仏、薬師瑠璃光如来立像が祀られている。

東塔に立つ大講堂は、比叡山の主要行事が行われる重要なお堂だ。

総門の役目を果たす、文殊楼。根本中堂前の急な石段を登った上に立つ。

大講堂前にある鐘楼は「開運の鐘」とも呼ばれ、参拝者は誰でも撞くことができる。

西塔にある、にない堂。同じ形の二堂が渡り廊下で結ばれており、比叡山の僧兵だった弁慶がその廊下を担いだという逸話が残る。

にない堂の近くにある、親鸞が念仏三昧の修行をしたという聖光院跡。名高い僧たちの修行の跡地は、比叡山の随所で見られる。

比叡山で最も神聖な場所である浄土院。拝殿の裏に御廟があり、両脇には沙羅樹と菩提樹が植えられている。ここでは、12年間、籠山の誓いを立てた修行僧たちが、厳しい戒律のもとに最澄の霊前に仕えている。

## 神社&仏閣

づくほどに空気が澄み渡るように感じられ、塵ひとつないほどに清められた境内に入れば、身も心も洗われるようだ。街の喧噪から遠く離れ、山の中の聖域にこうしてしばし身を置くだけで、不思議と自分も浄化されていくような気分になってくる。

「霊山の自然環境に包まれて静かなひと時を過ごすと、多忙な毎日の中では感じられなかった声が聞こえてくるかもしれません」と高山さん。それは、肩の力を抜き自らを見つめ直してみようという、自分自身の心の声なのかもしれない。

西塔の中堂である、釈迦堂の優美かつ凛々しい姿。高台にある鐘楼からの眺めは絶景である。

にない堂の周囲は杉木立と深い苔に覆われ、ふと足が止まるほどの美しさ。右側の法華堂は礼拝と懺悔、読経、坐禅を行う「法華三昧」、左側の常行堂は念仏を唱えながら歩き続ける「常行三昧」の修行道場だ。

比叡山の門前町・坂本には、天台宗の最高学府である叡山学院がある。学問だけでなく坐禅止観などの実践修行も徹底。

紅葉の美しさも名高い横川にある元三大師堂は、別名が四季講堂。季節ごとに法華経の論義が行われたのがゆえんだ。

奈良県生駒郡斑鳩町にある、世界最古の木造建築寺院。聖徳太子によって飛鳥時代に創建されたと伝えられる。1950年に法相宗より独立し、聖徳宗を開宗。93年に、日本初のユネスコ世界遺産に登録された。

●奈良県生駒郡斑鳩町法隆寺山内1-1　☎0745・75・2555
㊮8時～17時（2/22～11/3）　8時～16時30分（11/4～2/21）
㊕¥1,000（西院伽藍内、大宝蔵院、東院伽藍内共通）
アクセス：JR法隆寺駅から徒歩20分



# 法隆寺 Houryuji

## 世界最古の木造建築の、揺るぎない風格。

悠久の年月を経た木の建物は、なんと穏やかで圧倒的な風格に満ちているのだろう。木材の中でも随一の長寿と耐久性を誇る檜だが、1300年以上という年月に耐え、建物を支え続けてきたことに感嘆せずにはいられない。

法隆寺は、謎の多い寺である。聖徳太子による創建の後に火災で焼失。7世紀後半に再建したとされるが、正確な年代も誰の再建かもわからない。大規模な整地工事をしてまで、位置も方位も変え再建したというのも不思議だ。

そうしたモヤモヤした思いも、実物の迫力を目にすれば吹き飛んでしまう。確かなことは、法隆寺がその後も存亡の危機をくぐり抜け、世界最古の木造建築として存在し続けていることだ。中国・隋時代の仏教建築の影響を色濃く残す佇まいは、仏教伝来直後の建築物としても限りなく貴重。法隆寺はまさに、日本仏教の礎。ここに来れば、それがわかる。

法隆寺に連綿と受け継がれてきたのは、創建者である聖徳太子への篤い信仰。太子といえば、仏教の興隆に広く努めた〝日本仏教の祖〟だ。朝廷と豪族の攻防が絶えなかった当時、仏法に基づく〝和〟の精神を提唱し、世の平定に尽くした。その遺志を受け継ぐべく、法隆寺は近年になって太子の思想を要諦とする「聖徳宗」を開宗した。

広大な境内は西院と東院とに分かれているが、東院は聖徳太子の宮殿跡に、太子を偲んで天平期に建てられたもの。八角形の本堂「夢殿」が美しい。

南大門から見る、フォトジェニックな眺め。左から五重塔、中門、金堂。かけがえのない宝である法隆寺を後世にも伝えていくため、数百年後の修理に向けた植林を始めようというプロジェクトも立ち上がっている。
写真提供：飛鳥園

一方、世界最古の木造建築群が並ぶ西院伽藍は、随の仏教建築の影響を受けた飛鳥建築の粋が集まっている。総門である「南大門」をくぐると、参道の奥に現れるのは「中門」「五重塔」「金堂」の格調高い佇まい。ダイナミックな深い軒をもつ中門や金堂は、雲形の組物や卍を崩したような手すりなど、中国古式の意匠を随所に見せる。中門の柱は、ギリシャ建築が由来ともいわれる、中心部がやや膨らんだエンタシスという形状。どこかエキゾティックな薫りが、飛鳥建築に艶を添えている。

五重塔の美しいプロポーションにも惚れ惚れする。これが現代の高層建築に用いられる「柔構造」のルーツというから驚く。屋根をやじろべえのように被せていく積み上げ構造であり、地震の揺れもやわらかく吸収するのだという。その五重塔や金堂をぐるりと包み込むのが「廻廊」。柱やその上に渡されたしなやかな反りの梁がずらりと連なるさまは、心憎いほどエレガントだ。

廻廊を歩きつつ堂塔を仰ぎ見て、はるか古代へ思いを馳せてみよう。なめらかな肌の円柱にそっと触れてみると、太子の真摯な思いがいまなお脈打っているように感じられる。

写真提供：飛鳥園

かのブルーノ・タウトが「建築の真珠」と絶賛した夢殿。「救世観音（くぜかんのん）」を祀る。

写真提供：便利堂

金堂は軒下に組まれた雲形の「雲斗（くもと）」「雲肘木（くもひじき）」といった組物、高欄（こうらん）と呼ぶ手すりに施された「卍崩し」の意匠が特徴だ。

写真提供：飛鳥園

廻廊にぐるりと囲まれた西院伽藍。ひと際高い五重塔は、遠くからでも拝むことができる。

写真提供：飛鳥園

エンタシスの柱とアーチ形の梁が美しい廻廊。縦格子の連子窓（れんじまど）越しに見える庭も実に見事。

神社&仏閣

# 知れば知るほど魅せられる、悠久の時が流れるお寺。

庭
お寺

## 時代の美意識を映す、日本庭園で憩うひと時。

### 大仙院
Daisenin

写真左手奥が大きな岩組みで表現された蓬莱山。そこから流れ落ちる滝を砂で表現した。ダイナミズムと繊細さが同居した書院庭園は特別名勝史跡に指定されている。

蓬莱山から荒々しく流れ落ち、渓流に注ぎ込む滝……。まるで水しぶきの音が聞こえてきそうなほど迫力ある枯山水に出合えるのが、「大仙院」にある書院庭園だ。

大仙院は京都・大徳寺の塔頭寺院（大寺院の敷地にある小寺院）であり、１５０９年に大徳寺の76代住職、古岳宗亘（こがくそうこう）禅師により創建された。宗教施設であり住職の居室も兼ねる方丈。その前庭の「大海」や、方丈北側にある書院「拾雲軒」の前庭も趣深い。さながら水墨画の世界そのままの庭園は、室町時代随一とも称される。

また、日本最古の床の間と玄関を有する方丈建築は、国宝にも指定されている。昨年末に本堂の屋根が檜皮葺きに修復され、創建当時の姿を取り戻した大仙院。拝観も再開され、いま、まさに必見のお寺である。

●京都府京都市北区紫野大徳寺町54-1
☎075・491・8346
㊓9時～17時（3～11月）
9時～16時30分（12～2月）
㊕¥400
アクセス：JR・近鉄京都駅からバスで40分、そこから徒歩6分
www.b-model.net/daisen-in

神社&仏閣

# 毛越寺
Moutsuji

阿弥陀様にお祈りすれば誰もが極楽浄土に行けるという、いわゆる「浄土信仰」。その仏教思想を如実に表したものとして、京都・宇治の平等院とともに有名なのが岩手の平泉にある毛越寺の「浄土庭園」だ。清らかな水を豊かにたたえる「大泉が池」と、絶妙なバランスで配された石組み、周囲を彩る木々が織り成す景色は、まるで心が洗われるような美しさだ。

850年に天台宗の高僧、慈覚大師により開山。約300年後、奥州藤原氏二代基衡が、堂宇（どうう）と庭園の造営に着手した。三代秀衡の時代には僧坊500、堂塔40を数える大伽藍が形成された。

以後、あまたの災害や人災によって平安時代の建物は消失するものの、その遺構と庭園をほぼ完全な形で保存。境内では1989年に建立された平安様式の新本堂が出迎えてくれる。

浄土庭園の景観は日本最古の庭園書『作庭記』に基づいてつくられた。庭の真ん中にある大泉が池は南北に約90m、東西に約180mの広さを誇り、四季の移ろいを映し出す。

●岩手県平泉町字大沢58
☎0191・46・2331
㊋8時30分〜17時（4/5〜11/4）
8時30分〜16時30分（11/5〜4/4）
㊕¥500　アクセス：JR東北本線平泉駅から徒歩7分
www.motsuji.or.jp

# 東福寺
Toufukuji

昭和を代表する作庭家、重森三玲（しげもりみれい）をご存じだろうか？ 彼の代表作である臨済宗大本山東福寺の「方丈庭園」は、得意の枯山水庭園を取り入れた傑作である。四周に巡らせた東西南北の庭には各々異なった趣があり、見る者の目を楽しませる。

裏庭という位置づけでありながら最も有名な方丈北庭は、石と苔とが描き出す市松模様が面白い。対して方丈正面にある南庭は210坪もの敷地に巨石と砂紋、築山とで、神仙境を表しているとされる。

雲紋様砂地に北斗七星に見立てた石柱を配したモダンな雰囲気が漂う東庭や、刈り込んだサツキと砂地で井田市松（大きな市松模様）を表現した西庭も深い味わいに満ちており、四季折々に訪れてみたくなるお寺のひとつとなっている。

初夏には丸く刈られたサツキが愛らしいピンク色の花をつけ、ひと際、華やかな表情を見せる方丈北庭。石と砂だけでつくった枯山水の庭とのコントラストが楽しめる。

●京都府京都市東山区本町15-778
☎075・561・0087
㊋9時〜16時　㊕¥400（方丈八相庭園）
アクセス：JR奈良線・京阪本線東福寺駅から徒歩10分
www.tofukuji.jp

塔
お寺

# 往事の建築様式をいまに伝える、荘厳な塔めぐり。

## 石山寺
Ishiyamadera

仏舎利を納める楼閣式の塔（三重塔、五重塔など）に対し、石山寺などに見られる2階建ての塔を多宝塔（たほうとう）と呼ぶ。仏教の経典のひとつ、『法華経』に出てくる塔を模したもので、仏像を置くためのものだ。この多宝塔は1194年に源頼朝によって寄進され、中には大日如来が祀られている。奈良時代から霊地として崇められた石山寺には、かの紫式部も詣でたという。

現存する最古のものであり日本三大多宝塔のひとつとしても知られる。高さは約17m。

●滋賀県大津市石山寺1-1-1
☎077・537・0013
(開)8時～16時30分　(料)￥500
アクセス：京阪電車石山寺駅から徒歩10分
www.ishiyamadera.or.jp

## 東寺
Touji

新幹線の窓からもその姿を拝むことができる東寺の「五重塔」は、もはや京都のシンボル的存在だ。高さ約55m、木造建築として日本一の高さを誇るこの塔には、空海が唐から持ち帰った仏舎利が納められている。東寺はもともと桓武天皇が平安遷都の2年後に建立に着手した国立のお寺。嵯峨天皇が唐から帰った空海に下賜されたことから、真言宗の根本道場となった。

写真提供：アフロ

国宝に指定されている現在の五重塔は1644年に再建。シンプルな外観がクラシック。

●京都府京都市南区九条町1
☎075・691・3325
(開)8時30分～5時30分(3/20～9/19)
8時30分～4時30分(9/20～3/19)
(料)￥500(金堂・講堂)
アクセス：近鉄東寺駅から徒歩5分
www.toji.or.jp

## 薬師寺
Yakushiji

世界遺産「古都奈良の文化財」のひとつ。1300年余りの歴史をもつこの寺で唯一、創建当時から現存するのが高さ約34・5mの「東塔」だ。東塔は三重塔だが、各階に裳階（もこし）と呼ばれる小さな屋根がつくのが特徴。大小の屋根の重なりが優美なリズムを生むその姿から、「凍れる音楽」の愛称もある。塔の随所に奈良時代の建築技術の高さがうかがえる。

塔は2010年11月頃から1世紀ぶり約10年の解体修理に入る。

●奈良県奈良市西ノ京町457
☎0742・33・6001
(開)8時30分～17時　(料)￥800(玄奘三蔵院伽藍公開時)、￥500(玄奘三蔵院伽藍閉鎖時)
アクセス：近鉄橿原線西ノ京駅から徒歩すぐ
www.nara-yakushiji.com

縁
お寺

# 武将や文豪ゆかりの地で、歴史に思いを馳せる。

## 本法寺
Honpouji

夏目漱石の小説『坊っちゃん』の中で、坊っちゃんのよき理解者として描かれるお手伝いの清。その清の墓がある「養源寺」のモデルがここだ。本法寺の起源は、浄土真宗本山の本願寺八代住職の蓮如上人により近江（現在の滋賀県）に創建された寺。その後、変遷を経て東京は小日向の地に落ち着いた。夏目家代々の菩提寺であり漱石の句碑もあるこの寺で、文学散歩はいかが？

春になると咲き誇る源平桃ほか、裏庭に配された草木の美しさも特筆ものだ。

●東京都文京区小日向1-4-15
☎03・3941・5316
㊐ 8時〜不定　無料
アクセス：東京メトロ有楽町線江戸川橋駅から徒歩6分
www.kobinata-honpouji.com

## 壽福寺
Jyufukuji

鎌倉駅西口から徒歩10分。市内でひと際、しっとりとした雰囲気を漂わせる扇ガ谷の地に壽福寺はある。将軍・源頼朝亡き後、妻の政子が日本に臨済宗を伝えた栄西を招き建立した。栄西は修行先であった宋から茶を持ち込み、日本人に茶を飲む習慣を広めた人物。寺宝である『喫茶養生記』は、栄西が茶の効用について綴り、病気がちであった三代将軍の実朝に捧げたものだ。

見学できるのは、総門から中門までの境内。緑あふれる石畳の参道が美しい。

●神奈川県鎌倉市扇ガ谷1-17-7
☎0467・22・6607
㊐随時（総門から中門まで）
無料
アクセス：JR・江ノ島電鉄鎌倉駅から徒歩10分

## 春日山 林泉寺
Kasugayama Rinsenji

いまも根強い人気の戦国武将、上杉謙信。幼い日の彼が父に命じられ勉学に励んだのが、春日山林泉寺。祖父長尾能景（よしかげ）が1497年に建立した、長尾家代々および上杉謙信の菩提寺だ。景虎と名乗った若き日の謙信は戦に出る前、時の住持、益翁宗謙（やくおうしゅうけん）を訪ねた。和尚の導きを受けて悟りをひらき、弟子となって授けられた僧名が「謙信」であった。

春日山城門を移築したと伝わる惣門。後ろの門は、謙信が建立した山門だ。

●新潟県上越市中門前1-1-1
☎025・524・5846
㊐9時〜17時（4〜11月）　9時〜16時（12〜3月）
㊖￥500
アクセス：JR直江津駅からバスで15分、そこから徒歩10分
www.valley.ne.jp/~rinsenji/

# 神主さんとお坊さんに、訊きたかった疑問②

Q 結婚できますか?

A **神職** できます。基本的に神前婚です。
**僧侶** できます。仏前婚が多いです。

Q 離婚できますか?

A **神職&僧侶** 法律上は可能です。ただ、神や仏の御前で誓いを立てていますから、極力そういったことは避けたいですし、そのつもりもありません。

Q 普段はどんな格好をしていますか?

A **神職&僧侶** 一般の方と同じだと思います。

Q 髪形に決まりはありますか?

A **神職** 清潔を旨としているので、男性の場合は短めの髪形が多いです。染髪などもってのほかです。
**僧侶** 剃髪ないしそれに準じることが多いです。毛髪を伸ばしても問題のない宗派もあります。

Q 祝詞はなにを詠んでいるのですか?

A **神職** 簡単にいえば、ベースとなる用語や形式に則った、神職が祈祷や祭祀ごとに作った文章で、神様に祈願や奉告を申し上げています。自ら筆でしたためます。詠み方やリズムには特に決まりはありません。竹などに書いていた時代は、読み終えた後で地中に埋めたりもしていたようです。

Q オリジナルのお経を作ったりできますか?

A **僧侶** できません。宗派や目的によって経文が決まっています。観音経や般若心経が有名ですね。ネット配信しているお寺もあります。

# 日本の神話とは。ブッダの教えとは。

# 我々のルーツを映す、「神話」の世界観。

「稲羽《いなば》の白兎《しろうさぎ》」や「天岩戸《あまのいわと》」「海幸《うみさち》・山幸《やまさち》」など、おとぎ話として伝わっている日本の神話は多い。だが、その成り立ちや話の全貌はあまり知られていない。ここでは、神社に祀られている八百万の神々が活躍する日本の神話をもう一度ひも解いてみよう。

神話とは一般に、8世紀初頭に成立したといわれる『古事記』と『日本書紀』の神代の部分を指す。どちらも日本の国史を記録するために編纂された歴史書だが、その成り立ちや真の目的、内容には若干の違いがある。

まず『古事記』は7世紀末に、日本建国の歴史を古代に忠実な形で伝えようと考えた、天武天皇の命で編纂作業が始まった。編者は稗田阿礼《ひえだのあれ》と太安万侶《おおのやすまろ》。整理されぬまま残っていた歴史書の『帝記』『旧辞』を基に、日本の創世期から推古天皇の代までを記した、いわば〝天皇家の私的歴史書〟、あるいは読み物である。

一方の『日本書紀』は、舎人親王《とねりしんのう》など複数の編者により編集され、日本の創世期から持統天皇の代までを記載している。外国に国威をアピールするための書物ゆえ、全編が整った漢文体で記された。

内容に関しては、『古事記』のほうが神武天皇以前の神話を多く収める。そこには現代のアニメやゲームも顔負けなほど奇想天外で、想像力をかき立てられるストーリーが展開されている。異形の怪獣と神との対決、英雄として成長していく神と美しい姫とのラブストーリー、人間の神と動物との友情、神と神との力比べなど、『古事記』に書かれた神話には、いわゆる〝物語の典型〟が詰め込まれているのだ。

では、こうした神話はどの程度が実話なのだ

## 斎庭《ゆにわ》の稲穂《いなほ》

高天原《たかまのはら》のアマテラスは孫のニニギに稲穂を授け、「葦原中国《あしはらのなかつくに》でこの稲を育て、食物とするように」と命じました。

神々が住む高天原に対し、下界の葦原中国は人間の住む国。スサノオ、オオクニヌシらの神々が葦原中国を整えた後に、満を持して下界に降臨したのが、アマテラスの孫のニニギ。この「天孫降臨」以降、日本は稲作文化の国になったとされる。

ろうか？　日本古代史、歴史哲学を専門とする明治学院大学の武光誠教授に話を聞いた。

「神話は各地に残る古い伝承をまとめたものですから、どこまでが実話なのかはわかりません。ただ、古代の人々は自然や祖先を敬い、山や川を見ればそこには神がいると考えましたし、説明がつかない不思議な世界も当然あると思っていましたから、そうした古代人の感性で自然現象を捉えた話が中心です。古い民話をベースに、天皇家の正当性を証明する要素を付け加えたものが神話といえるかもしれません」

実際、各地の民話をあたると『古事記』とよく似た話が多く見つかるという。つまり神話には、古代人の感性と価値観がそのまま映し出されているのだ。

では、各国の神話と比べて日本の神話ならではの特徴はあるのだろうか。

「まず、最高神であるアマテラスが突出した活躍を見せない点が挙げられます。ギリシャ神話などは全知万能な最高神のゼウスが圧倒的な力をもって権力をふるいますが、アマテラスはすべてを見守りつつ存在するだけ。これは『太陽は照っているだけでありがたい』という古代人の自然に対する感謝の念と、八百万の神々が協力して働くので1人の神に頼る必要がないという神道独自の考え方が表れているのだと思います。自然や動物と人間が寄り添って描かれ、なにかにつけ〝和合の精神〟が強調されている点も、日本の神話の独自性でしょう」

恵みをもたらす豊かな自然、自然と人間の共生、悪人も最終的には許されて皆が仲よく暮らす……。こうした神話の世界観は、日本のアニメーションが描き出す世界にも影響を与えている。

実は日本のアニメの原点でもある神話。ここからは、日本人なら知っておきたい代表的な神話4つを、ダイジェストで紹介する。奥深き神話の世界に足を踏み入れてみよう。

# イザナギとイザナミ

はるか昔、日本がまだ形となっていなかった頃、大いなる神から葦原中国の国造りを命じられた神々がいました。それが男女2人の神様、イザナギとイザナミです。

彼らは神聖な矛をただの海だった下界にさし入れ、数回かき混ぜました。そして矛を引き上げた際に滴り落ちた塩が固まり、日本初の島であるオノゴロ島が誕生したのです。

さっそく2人は島に降り立ち、神聖なる柱を立てました。と、ここで彼らは素朴な疑問を抱きます。実は女神のイザナミには1カ所だけ欠けている部分があり、男神のイザナギには1カ所、余っている部分があったのです。そこでイザナギはイザナミに「私の身体の余っている部分であなたの欠けている部分をふさいで、国土を造ろうではないか」と持ちかけ、結婚することにしました。

2人が柱の周りを回り、出会ったところで「なんと素敵な男性でしょう」「なんて美しい女性だろう」と声をかけ合うと、まもなく子どもが生まれたのです。

イザナギとイザナミは
神聖なる矛で海をかき回して、
オノゴロ島を生み出しました。

ところが、女性から声をかけたのが悪かったのか、骨のない水蛭子《ひるこ》が生まれてしまいました。そこで今度はイザナギから声をかけたところ、無事に淡路島が誕生します。続けて四国や隠岐、九州、壱岐、対馬、佐渡島、本州が生まれ、さらにイザナミは山の神や風の神、穀物の神など、自然や人々の生活を守る神々を次々に生みました。

しかし、最後に悲劇が起きます。火の神を生んだ際にイザナミが大火傷を負い、死者の国である黄泉《よみ》の国へと旅立ってしまったのです。イザナギの嘆きは尋常ではありません。イザナギは火の神を殺した上で黄泉の国を訪れ、「生き返ってくれ」と妻に懇願しました。最初は「もう戻れません」と繰り返していたイザナミですが、その熱意にほだされたのでしょう。「絶対に私の姿を見ないでください」と言い残し、黄泉の国の神々に相談するため奥へと消えて行きました。ところが、イザナギは約束を破り、こっそり扉を開けてしまったのです。すると、そこにはウジがたかり、変わり果てた妻の姿がありました。

イザナギは驚愕して逃げ出しましたが、こんどはイザナミの怒りが収まりません。黄泉の国の軍勢を差し向けて夫を追わせました。

逃げのびたイザナギは黄泉の国の入り口を岩で

結婚した2人は大きな柱の周りを回り、8つの島と多くの神を生みました。

火の神を生んだイザナミは、大火傷を負って亡くなってしまいました。

## 読み解くポイント

- 『古事記』では天地の始まりは「天と地が分かれた時」と書かれており、イザナギとイザナミの前にも神々が存在した。高天原に初めて登場した神から数えて7代目にあたるのがイザナギとイザナミだ。オノゴロ島に降り立った後の2人が国生みをする過程は、実に大らかで初々しい。イザナギからの提案は男女が互いの長所、短所を認め合った上で、協力し合う大切さを説いたものでもある。

- イザナミを死に至らしめ、父神によって殺される火の神には、古代の人々が火に対して抱いていた憧れと恐れとが垣間見える。

- イザナギがイザナミの復活を期待して黄泉の国へと赴くエピソードからは、古代の人々の死生観がうかがえる。当時は“生と死の間”という概念があり、その間に手を打てば蘇りは可能だと考えられていた。

- イザナギとイザナミが宣言し合った“1日に殺す人数”と“生まれる人数”によって、1日の死亡数と誕生数が決まったとされる。

ふさぎます。残されたイザナミは「あなたの国の人を1日に1000人、殺してやるわ」と宣言しました。対するイザナギも「では1日に1500人の子どもを生ませよう」と応じ、2人は永遠に別離したのでした。

変わり果てたイザナミを見て逃げ出したイザナギは、黄泉の国の入り口を大きな岩でふさぎました。

# 天岩戸

高天原には、太陽の女神アマテラスを筆頭に「三貴神」(※)と呼ばれる3兄弟がいました。しかし末っ子のスサノオは「根《ね》の国にいる母に会いたい」と駄々をこね続けたために、高天原を追放されてしまいます。

スサノオは別れの挨拶にアマテラスの元に向かいましたが、アマテラスは荒々しい足音に「弟が国を奪いに来た」と勘違いをしてしまいます。困ったスサノオは身の潔白をかけた勝負を行うことを姉に提案します。2人はお互いの持ち物を交換して噛み砕き、そこから新たな神々を生み出して競いました。

スサノオの剣から三女神が生まれて、その心の清らかさが証明されました。しかし農耕にうとかったスサノオは高天原の田の畦を壊したり、皮を剥いだ馬を暴れさせて機織女《はたおりめ》を殺したりと乱暴狼藉を働きました。すると、その様子に困惑した姉のアマテラスは天岩戸にこもってしまったのです。

太陽の女神であるアマテラスが姿を消したせいで、高天原と葦原中国は、真っ暗闇になってしまいました。稲が枯れ、疫病が流行るようになり、どれほど時間が経ったことでしょう。困った高天原の神々は知恵を絞り、アマテラスを誘い出すために岩戸の前で祭りの真似事を始めました。

音楽を奏で、賑やかに舞い踊るその様子に、楽しいことが大好きなアマテラスは知らんぷりができません。こっそり外をうかがうと「あなたよりも尊い神が降臨したので歓迎の祭りをしています」と神々は言いました。

アマテラスが虚を突かれた瞬間に、力持ちの神様が岩戸から引っぱり出し、ようやく世界に光と平和が戻りました。

**読み解くポイント**

- 三貴神の中で1人だけ破壊者かつ改革者として描かれているスサノオに対し、アマテラスは目立った動きをしない。だが、岩戸に隠れただけで世界を不幸に陥れるほどの力がある。この話は、万物を育む太陽は存在自体に価値があることを示している。
- 神々が岩戸の前で祭りを催した際、服がはだけるのもかまわずに夢中になって面白おかしく舞ったのが、芸能の始祖といわれるアメノウズメ。このエピソードからは、陽気さや笑いを重視していた古代人の価値観がうかがえる。

スサノオは高天原で、
乱暴の限りを尽くしたのです。

隠れたアマテラスを
呼び戻そうと、
神々は岩戸の前で
祭りを始めました。

※三貴神：イザナミの亡き後、イザナギから生まれたアマテラスとツクヨミ、スサノオの3神。それぞれイザナギから高天原、夜の国、海原を治めるように言い渡される。

# ヤマタノオロチ

アマテラスが戻ったのち高天原を追われたスサノオは、下界である葦原中国の出雲にやってきます。そして大きな川のほとりで嘆き悲しむ老夫婦と娘に出会ったのです。

夫婦には8人の娘がいましたが、毎年、巨大な大蛇のヤマタノオロチに1人ずつ娘を奪われ、最後に残った娘・クシナダヒメも今晩、生贄にされてしまうといいました。姫を守りたいと思っても、オロチは谷や山の尾根を同時に8つも渡れるほどの大蛇。8つの頭と尾をもち、目は赤くらんらんと輝き、腹はいつも血でただれている怪物です。夫婦にはどうにもなす術がありません。

その話を聞いたスサノオは自分の正体を明かし、「私がオロチを退治するので、代わりにクシナダヒメをお嫁さんにください」と、申し出ました。娘を守りたい老夫婦が快諾すると、スサノオはさっそくオロチ退治に取りかかります。まずは姫を櫛に変えて自分の髪の中に隠しました。次に、家の周りに8つの門がついた垣根を作り、門の前に強い酒の入った8つの樽を置きました。

ほどなくして、なにも知らずにやってきたオロチはそれぞれの樽に頭を突っ込んで酒を飲み干し、酔っ払って寝入ってしまいました。「いまだ！」と思ったスサノオは剣でオロチをズタズタに切り裂いて見事に退治！　剛力のスサノオだからこそできた偉業でした。

オロチの尾から出てきた素晴らしい剣はアマテラスの機嫌をとるために献上し、自分はめでたくクシナダヒメと結婚。出雲の須賀に宮殿を築いて幸せに暮らしたのです。

**読み解くポイント**

- ヤマタノオロチの正体については諸説ある。たびたび洪水を繰り返していた島根県の斐伊川という説、中国山脈を指しているという説、出雲に攻めてきた越《こし》の国《くに》の豪族という説などさまざまだが、現状では斐伊川説が有力だ。「腹が血でただれている」という表現は、鉄を含んだ赤い水の流れをイメージしたものといわれている。

- オロチの尾から出てきた剣とは、のちに三種の神器のひとつとなった「草薙剣《くさなぎのつるぎ》」のこと。

高天原を追放されたスサノオは、
川のほとりで泣いている
家族に出会います。

スサノオは酔いつぶれたオロチの頭を、
バッサバッサと切り落としていきました。

切り落としたオロチの尻尾から、
見事な剣が見つかりました。

# オオクニヌシ

スサノオの6代後の子孫にあたるオオナムジには、大勢の異母兄弟がいました。
ある時、兄たちは美しい姫の元へ〝求婚の旅〟へ出ることになりました。そして末っ子のオオナムジも、兄たちの荷物持ちとしてついていくことになったのです。

稲羽の国の気多《けた》岬にさしかかった時、オオナムジは泣いている兎を見つけます。兎はワニを騙したために皮を剥がれ、さらに兄たちに騙されて海水に浸かり、身体が真っ赤になってしまったのです。可哀相に思ったオオナムジは「真水で身体を洗い、蒲の花粉にくるまっていればいい」と教えました。その通りにした兎はすっかり回復し、「実は私は兎の神です。姫を射止めるのはあなたでしょう」と宣言。オオナムジは驚きましたが、確かに、姫は兄たちではなく彼を選んだのです。
喜びもつかの間、妬んだ兄たちは彼を殺してしまおうと画策します。「赤い大イノシシを追うから受け止めろ」と、焼いた岩を山の上から落とすなど、何度も命を奪いました。

オオナムジは気多の海辺で、
ワニに皮を剥がれた
兎を助けてあげました。

怒った兄たちは真っ赤に焼けた岩で、
オオナムジを殺してしまったのです。

幸い、息子を哀れんだ母の力によってオオナムジは何度も生き返りましたが、これでは命がいくつあっても足りません。彼は母の勧めに従って、スサノオの住む根の国に〝避難〟することになりました。

根の国に行ったオオナムジに、スサノオは過酷な試練を与えました。

ところが根の国では新たな恋と次なる試練が待っていたのです。到着してすぐに、オオナムジはスサノオの娘スセリヒメと恋に落ち、スサノオに姫との結婚を申し入れます。

しかし、スサノオは簡単に許してはくれません。彼を蛇やムカデが這い回る部屋に寝かせたり、草原に矢を取りに行かせて火を放つなどの過酷な試練を課しました。

オオナムジはスセリヒメや動物の助けを得て、無事にピンチを乗り切ります。そして、隙を見て姫と逃げ出すと、スサノオはようやく結婚を承諾しました。「これからはオオクニヌシと名乗って葦原中国の王となれ」と、2人を送り出したのです。

葦原中国に戻ったオオクニヌシは兄たちを退治します。そして、ガガイモの船に乗ってやってきた小さな神スクナビコナらの力を借り、国を整えていきました。そして、ついには高天原のアマテラスが国譲りを求めるほどの豊かな国に育てたのです。

試練を乗り越えたオオナムジと姫は、スサノオが寝ている隙に逃げ出したのです。

オオクニヌシとなったオオナムジは、ほかの神様と協力して国造りを行いました。

### 読み解くポイント

• オオクニヌシの物語は、各国の神話に多く見られる"英雄の成長ストーリー"となっている。偉大な指導者となる過程で、名前がオオナムジからオオクニヌシに変わるのも典型的で、少年が大人に変わる成人式と同様の意味をもつ。「意地悪な兄たちにこき使われている」点は、『シンデレラ』とも似ている。心優しい不遇な若者が幸せをつかむという筋立ては、万国共通の"好ましい話"なのだろう。オオクニヌシにまつわる神話は、実に『古事記』の神話の3分の2を占める。

• オオナムジが兎を助ける「稲羽の白兎」は、日本に数多く伝わる"まれびとの光臨"タイプの民話。まれびとの光臨とは、神が不幸な人間や可哀相な生き物となってある人の前に現れ、助けてくれた相手に幸運をもたらす、というストーリー。スサノオの試練を受けた際、オオナムジは鼠にも救われている。動物や自然に対する尊敬や感謝の念がいまよりもずっと深かった古代は、動物の声を聞き、その協力を得る能力も偉大な指導者には不可欠だったのかもしれない。

# 仏教を生み出した、〝ブッダ〟の生涯とは？

生

カピラヴァストゥ国の王、シュッドーダナとその妃マーヤの子として誕生。伝説では生まれてすぐ7歩歩き、右手で天を、左手で地上を指しながら「天上天下唯我独尊（この世界で、私こそが唯一の尊い存在だ）」と言ったとされる。

現在のネパール南部、インド国境近くのタラーイ盆地には、かつて「カピラヴァストゥ」と呼ばれる小国が存在した。そこを治めるシャカ族の王子として紀元前6～5世紀に誕生したのがゴータマ・シッダールダ、のちにブッダ、お釈迦様と呼ばれるその人である。

幼少期のシッダールダは文武に通じ、豊かな生活を送る一方、強い感受性ゆえに思い悩むことが多かったという。青年になると3人の妻を娶《めと》り、子宝にも恵まれる。誰の目にも順風満帆の人生を送っているように見えた彼が、出家を決意するのは29歳の時だ。

きっかけは、彼が宮殿の東西南北にある4つの門で経験したさまざまな出会いにある。東では老人に、南では病人に、西では死人に出会った彼は、人間はみな老い、病にかかり、死にゆくものなのだと「老・病・死」の苦しみを知る。

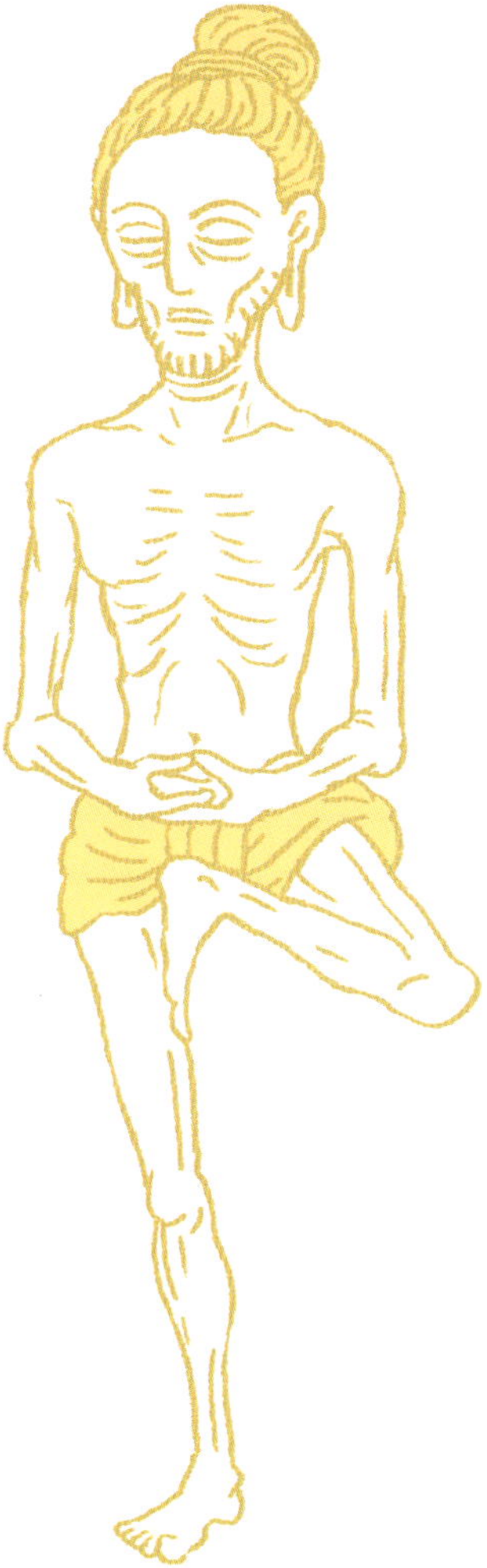

# 修

家族や地位、財産などすべてを捨てて修行者となったシッダールダは、長時間にわたる片足立ちや坐禅、限界までの呼吸停止、断食などの苦行を繰り返し行った。6年間の厳しい修行で、彼の身体は骨と皮だけに成り果てたという。

その後、北門の外で身なりは貧しいが満ち足りた顔をしている修行者を見た彼は、「出家こそがわが道」と、すべてに別れを告げ宮殿を去る。

当時の北インドはマガダやコーサラなど大小の国が乱立する時代。この地を治めるアーリア人は身分階級「カースト制度」を設け、先住民を最下層に、その上に庶民階級、続いて王侯貴族階級、最上位に司祭者階級バラモンを置いた。さらにバラモンは、自らの権威づけに「バラモン教」を作り上げた。

# 悟

苦しい修行生活と以前の裕福な暮らしとの両方を経験し、中道の大切さを知ったシッダールダ。その後、ブッダガヤーの木の下で瞑想し、35歳で悟りをひらく。以降は「悟りをひらき、人々を救うもの」を意味する「ブッダ」と呼ばれる。

その聖地であるベナレスやマガダの首都ラージャグリハを訪れる修行の旅路で、シッダールダは2人の師と出会う。「煩悩（心身を乱し悩ます心のありさま）を捨て、ものに執着せず生きること」を勧めるアーラー仙人と、「すべての思いを否定し、無念無想の境地を目指すこと」を説いたウッダカ仙人だ。修行の末、シッダールダは両師の境地に達するものの、これに飽き足らず、さらなる悟り（迷いを離れ真理を体得すること）を目指した。ガンジスの支流近くの森で、坐禅や断食などを繰り返す日々……。6年にもおよぶ苦行の中で、彼はしだいにジレンマに陥る。自らの思想は深化するが、悟りはひらけないままだったからだ。

そんな折、彼が耳にしたのは「琵琶の弦は締め過ぎると切れてしまい、緩め過ぎればよい音が出ない」という歌。その詞に、苦行に励むいまの自分と豊かな生活を甘受していたかつての自分とを見た彼は、極端に走ることの愚かさに気付き、「中道」の大切さを知る。

伝

悟りを得たブッダはただちに、45年にわたるインド各地での布教を開始する。「初転法輪（しょてんほうりん）」と呼ばれる最初の説法は、かつて修行をともにした5人の修行者に向けて行われた。その教えは瞬く間に人々に受け入れられた。

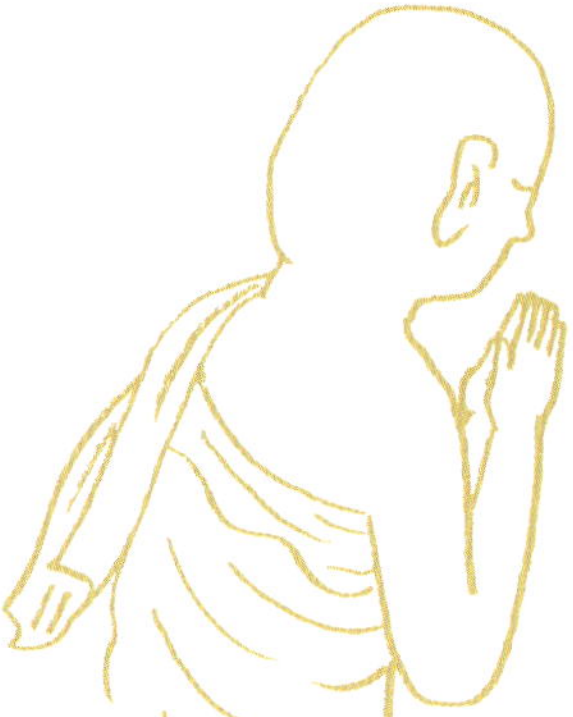

その後は、現在のインド東部にあるブッダガヤーの菩提樹の下で瞑想を続ける。瞑想に入って7日目の明け方、さまざまな煩悩に打ち勝った35歳のシッダールダは、ついに悟りをひらき、すべての苦しみから解放される真理を得る。こうしてブッダ（悟りをひらいた者）となったシッダールダは、中道の教えを広め、人々を救済するために布教を開始する。初めての説法では、ともに苦行に励んだ5人の修行者を最初の弟子にしたという。堕落し切ったバラモン教に疑問を抱いていた人々に、彼の教えは新たな

# 滅

自らの死期を感じ取り、弟子の1人、アーナンダーとクシナガラの街へ到着したブッダは沙羅双樹の下に床を設ける。ブッダは病床にあってもなお人々の救済に努めたが、80歳でついに世を去る。彼の死を仏教では入滅と呼ぶ。

心の拠り所として受け入れられていった。ブッダの教団はバラモン教をのみ込む勢いに迫るが、彼は人々に「慈悲」の大切さを説き、バラモンと共生することを勧めた。

瞬く間に四十余年の時が過ぎ、齢80を目前に控えたブッダは自らの命の期限を予感。弟子の1人を連れて終焉の地、クシナガラを訪れる。沙羅双樹の根元を寝所にした彼は、死の直前まで人々の救済に心を砕いたという。

王子としての恵まれた生活の中で彼がもがき続けた姿は、物質的には満足しながらも、精神的な安らぎを求める現代人の姿にどこか似たものがある。ブッダの教えが2000年以上の時を経ても我々の心に響くのは、そのせいなのかもしれない。

# キーワードでひも解く、「中道」の教え。

悟りをひらいたブッダが得た「中道」主義は、その後も生涯を通して教えの中核となった。「極端に偏らないこと」とは、「相反するものの中ほど」といった安易なものではない。では、この教えの神髄とはなんだろうか？

中道とは、世の中の真理を知り、さまざまな煩悩を捨てて、自分の中で迷いながら探し出していくものだとブッダは説く。そのためにまず知っておきたいのが「三法印《さんぼういん》」という3つの原理だ。これは、世の中のものはすべて移りゆく「諸行無常《しょぎょうむじょう》」であり、自分という存在も確かなものではない「諸法無我《しょほうむが》」であると知ることで、なにものにもとらわれない安らかな「涅槃寂静《ねはんじゃくじょう》」の境地を目指せるというもの。いずれも馴染みのある言葉だが、ブッダの教えのキーワードとなる重要な真理だ。

その涅槃寂静に至るためのプロセスを説いたのが「四聖諦《ししょうたい》」という考え方。人生は苦しみに満ちているが、その原因である煩悩を取り去れば治癒される、そのためには日々正しい道を歩むことが大事である、というもの。

では、正しい道とはどんなものなのか？　この実践方法を具体的に表したのが「八正道《はっしょうどう》」という教えだ。正しい認識や正しい言葉といった8つの方法を実践することが求められる。毎日の生活をこの八正道に従って過ごすことで、偏りのない中道の道を歩むことができるとされている。そして、この聖なる道を歩んでいけば、安らぎの心に満ちた涅槃の境地が訪れる——というのが最終目標なのである。

順を追ってたどれば、非常に論理的でもあるブッダの教え。厳しさと慈悲深さを併せもつ秩序だった明快な考えが、多くの人を納得させ、共感させたのではないだろうか。

# 三法印《さんぼういん》

ブッダの教えを知るには、まず三法印から始めよう。三法印とは、物事の真のありようを3つの順に示した、仏教の基本となる教え。最初の「諸行無常」とは、この世を動かす原理であり、現実のあらゆる行いや形あるものは常に流動したり変化したりして、一瞬たりともとどまることがないということ。そうすると、すべてのものが因縁によって生じたものであり、自分は多くのものによって支えられていることがわかる。〝確かな自分〟もなく、〝自分のもの〟という執着も無意味なのだ。これが次の「諸法無我」である。

　これを理解すれば、自分の身に起こる苦労をくよくよ悩まず、いずれよいこともあると前向きに考えられるようになり、安らかな「涅槃寂静」の境地が訪れる。つまり、世の中の真理を知り、この境地に至ることが修行の最終目的なのだ。

## 諸行無常《しょぎょうむじょう》

この世のすべての事象は、常に流動したり変化したりして移ろいゆくものである。一瞬といえども同じところにとどまることはなく、永遠不滅なものは存在しない。『平家物語』の冒頭でも語られる有名な言葉だ。

## 諸法無我《しょほうむが》

万物は変化し続けているのだから、自分という存在は確固たるものとしてそこにあるのではなく、周囲の多くのものによって生かされているのである。ゆえに、自我に執着することは意味のないことである。

## 涅槃寂静《ねはんじゃくじょう》

「諸行無常」「諸法無我」の原理を理解すれば、なにかに執着するという煩悩から逃れることができる。そうすれば迷いも苦しみもなくなり、他者のために尽くそうとする穏やかな悟りの境地に至ることができる。

## 四聖諦《ししょうたい》

涅槃寂静の境地に至るためには、実際にどうやって迷いを取り除いていけばいいのか。そのプロセスを4段階で示したのが「四聖諦」と呼ばれる考え方である。まず、人生は苦しみに満ちているという真理「苦諦」を悟ること。生・老・病・死のほか、愛する人との別れ、嫌な相手とも会わねばならない、求めても手に入らない、身も心も思い通りにならないといった「四苦八苦」がその苦しみだ。

苦しみの原因となるのは煩悩や執着心だと知ることが「集諦」。心のもちようで煩悩や執着を捨てることができれば、苦しみは消滅すると説くのが「滅諦」。それには正しい道の実践が重要だと「道諦」は締めくくる。つまり、現状→原因→対処法→具体的な方法というふうに明快な筋道が立てられているのだ。

**苦諦《くたい》**

人は皆、生・老・病・死・愛別離苦・怨憎会苦・求不得苦・五蘊盛苦という「四苦八苦」を背負っている。

**集諦《しったい》**

苦の原因となるのは、自分の中の煩悩や執着にあるのだと、はっきりと悟った上で反省すべきである。

**滅諦《めったい》**

自分の心のもちようが大事だから、煩悩を捨て去ることができれば、あらゆる苦悩は消滅する。

**道諦《どうたい》**

苦をなくすためには、具体的になにをすればよいか？ その実践方法を具体的に示したのが八正道だ。

# 八正道《はっしょうどう》

四聖諦の結論で、苦を滅するための対処法として提示されたのが「正しい道を歩むこと」。その実践のしかたを具体的に示したのが「八正道」という8つの方法だ。

順に説明すると、「正見」は正しいものの見方、「正思惟」は正しい認識、「正語」は正しい言葉、「正業」は正しい行い、「正命」は規則正しい生活、「正精進」は正しい努力、「正念」は正しい教え、「正定」は正しい精神統一を指し、それぞれを毎日の生活で心がけるというもの。

困難な道のりであることが推測されるが、これを貫くことが極端に偏ることのない道、すなわち「中道」を歩むこととなり、やがては涅槃の境地が訪れると説かれた。

## 正見《しょうけん》

偏りや固定概念にとらわれず、正しいものの見方をすること。

## 正命《しょうみょう》

人の迷惑になるようなことをせず、規則正しい生活を営むこと。

## 正業《しょうぎょう》

盗みや殺生といった悪いことをせず、正しい行いをすること。

## 正語《しょうご》

嘘や悪口、いい加減な発言を慎み、常に正しい言葉を使うこと。

## 正思惟《しょうしい》

物事に対して善悪を正しく考え、正しい認識や判断を行うこと。

## 正定《しょうじょう》

心を集中し、正しい精神統一を行うこと。坐禅が最適の方法。

## 正念《しょうねん》

自己本位で分別せず、常に正しい教えを心にとどめておくこと。

## 正精進《しょうしょうじん》

悟りに向かって怠ることなく、正しい努力を重ねていくこと。

# 般若心経の核を成す、「空《くう》」の思想を知る。

仏説摩訶般若波羅蜜多心経《ぶっせつまかはんにゃはらみったしんぎょう》

唐三蔵法師玄奘訳《とうさんぞうほうしげんじょうやく》

観自在菩薩《かんじざいぼさつ》　行深般若波羅蜜多時《ぎょうじんはんにゃはらみったじ》　照見五蘊皆空《しょうけんごうんかいくう》

度一切苦厄《どいっさいくやく》　舎利子《しゃりし》　色不異空《しきふいくう》　空不異色《くうふいしき》　色即是空《しきそくぜくう》

空即是色《くうそくぜしき》　受想行識《じゅそうぎょうしき》　亦復如是《やくぶにょぜ》　舎利子《しゃりし》　是諸法空相《ぜしょほうくうそう》

不生不滅《ふしょうふめつ》　不垢不浄《ふくふじょう》　不増不減《ふぞうふげん》　是故空中無色《ぜこくうちゅうむしき》　無受想行識《むじゅそうぎょうしき》

**「空」の思想を説いたのは紀元前2〜3世紀に大乗仏教を大成した高僧、龍樹（りゅうじゅ）。いま我々が読む『般若心経』は『西遊記』でお馴染みの三蔵法師、玄奘（げんじょう）の訳。**

まさに諸行無常と言うべきか、仏教は後年、時代とともに姿を変えていく。ブッダの入滅100年後の集会で、教団内では理念の違いから分裂が起きた。現在の仏教もその流れをくみ、上座部《じょうざぶ》仏教と大乗仏教のふたつに大別される。伝統を重んじた上座部仏教は、修行によって自己の悟りを目指すことを目的とした。

それに対し、あらゆる人を救済しようとしたのが大乗仏教。僧だけでなく誰もが悟りを得られるという、より大衆に開かれた仏教だ。

その教えの根本となる経典が、現

無眼耳鼻舌身意《むげんにびぜつしんい》　無色声香味触法《むしきしょうこうみそくほう》　無眼界乃至無意識界《むげんかいないしむいしきかい》
無無明《むむみょう》　亦無無明尽《やくむむみょうじん》　乃至無老死《ないしむろうし》　亦無老死尽《やくむろうしじん》
無苦集滅道《むくしゅうめつどう》　無智亦無得《むちやくむとく》　以無所得故《いむしょとくこ》　菩提薩埵《ぼだいさった》
依般若波羅蜜多故《えはんにゃはらみったこ》　心無罣礙《しんむけいげ》　無罣礙故《むけいげこ》　無有恐怖《むうくふ》
遠離一切顛倒夢想《おんりいっさいてんどうむそう》　究竟涅槃《くうぎょうねはん》　三世諸仏《さんぜしょぶつ》
依般若波羅蜜多故《えはんにゃはらみったこ》　得阿耨多羅三藐三菩提《とくあのくたらさんみゃくさんぼだい》
故知般若波羅蜜多《こちはんにゃはらみった》　是大神呪《ぜだいじんしゅ》　是大明呪《ぜだいみょうしゅ》　是無上呪《ぜむじょうしゅ》
是無等等呪《ぜむとうどうしゅ》　能除一切苦《のうじょいっさいく》　真実不虚《しんじつふこ》　故説般若波羅蜜多呪《こせつはんにゃはらみったしゅ》
即説呪曰《そくせつしゅわつ》　羯諦羯諦《ぎゃていぎゃてい》　波羅羯諦《はらぎゃてい》　波羅僧羯諦《はらそうぎゃてい》　菩提薩婆訶《ぼじそわか》
（般若心経《はんにゃしんぎょう》）

代の日本人にも馴染み深い『般若《はんにゃ》心経《しんぎょう》』である。

大乗経典の代表的なものは、600巻という膨大な量からなる『般若経』。そのエッセンスを、わずか262文字に凝縮したものが『般若心経』だ。だからこそ、ひとつひとつの言葉がずっしりと重みをもつ。なかでも、最も名高いのが「色即是空《しきそくぜくう》　空即是色《くうそくぜしき》」という一節だろう。意味は〝あらゆる物が空《くう》であり、空が物にほかならない〟ということ。この「空」という思想こそが、般若心経の、そして大乗仏教の核心となる部分である。

〝あらゆる物が空である〟とは、どういうことだろう？　すべての物事は移り変わっているから、確かな実体があるわけではない。極端な考えや執着心を捨て、偏りのない清らかな心をもつことができれば、自らも「空」の境地に至ることができる、というのが主旨である。「空」とはつまり、「中道」がもたらすもの。ここでもブッダの教えが根本となっているのだ。「空」とは何もない「無」ではなく、煩悩や雑念が消え去った理想的な状態を指す。

　この思想に沿って「般若心経」を読み解いていくと、こういうことになる。「観音菩薩は、すべての物質は空であるから、執着心を捨てて自らも空の境地に至るように教えている。生きること、老いること、病むこと、死ぬことといった苦しみにこだわらないだけではなく、悟りにさえもこだわることはない。自らが空になることによって、初めて真実が見えてくるのだ」と。言葉としてはシンプルだが、非常に深い哲学である。物事をあるがままに受け入れ、あるがままに行動するというのは、〝言うは易く行うは難し〟だろう。とはいえその後も宗派を問わずこの経典が重んじられているのは、そこに各自の立場によっていかようにも解釈できる懐の深さがあるためかもしれない。

　現在、さまざまなお寺の写経体験でもポピュラーな題材となっている『般若心経』。写すことに専心するだけではなく、こうした真意に思いを馳せつつ筆を走らせれば、より充実した体験になるはずだ。

# 生死を何度も繰り返す、「六道輪廻《りくどうりんね》」の世界。

「嘘をつくと閻魔様が舌を抜くよ！」

幼い頃、こんなふうに怒られた経験をもつ人も多いだろう。閻魔大王や鬼がいる恐ろしい世界は、子ども心にも身をすくませる力をもっていた。現在、日本の仏教には、こうした輪廻転生の考えがしっかり根を下ろしている。

だがブッダ自身は、輪廻を否定しなかったものの、死後の世界を説くことはなかった。先の不確かなことよりも、現在の修行を重んじたのだ。もともと古代インドには、すべての生き物が生まれ変わりを繰り返すという、輪廻転生の考え方が定着していた。後世の仏教はその考えを受け入れ、生前の行いによって6つの世界のいずれかに転生することを繰り返すという、「六道輪廻《りくどうりんね》」の思想が生まれたのだ。

では、その6つの世界とはどんなものか見てみよう。「天道」とは天人の住む世界。人間の世界より居心地がよく苦しみが少ない。6つの世界の中では最上なのだが、人間と同様に死の苦しみはあり、再び転生する運命となる。「人道」は文字通り人間が住むところ。四苦八苦に悩まされる無常の世界だが、仏の教えを受けて悟りへの道がひらければ、転生から抜け出して解脱することは可能だ。常に戦いを繰り返す「阿修羅道」は、争いがやむことのない世界。動物となって弱肉強食を繰り返すのは「畜生道」だ。本能のみで生きて互いに殺し合うこともある。さらにむごいのが、強欲な者が墜《お》ちる「餓鬼道」。閻魔大王の支配下にあり、常に飢えと渇きに苦しみ続けなくてはならないて、最も恐ろしい世界が「地獄道」。人殺しなど悪行を重ねたものが墜ちるところで、鬼によるさまざまな責め苦が続き、ありとあらゆる苦が絶えることはない。

天人が住む世界。人間の世界よりは苦が少なく寿命も長いが、天人もまたいずれ来る死からは逃れられない運命にある。仏の世界から見ると、絶対的にいいとはいえない世界だ。

こうしてみると、程度の差こそあれ、どれもつらい世界で救いがないように思える。六道輪廻を主張する宗派では、この苦しみから逃れるには悟りをひらくことが唯一の道であると説いたが、日本に輪廻の考え方が定着したのは浄土教の教えによるところが大きい。阿弥陀仏にすがれば、この苦しみから逃れて極楽浄土に行けると説いた浄土教は、多くの人々の信仰を集めた。

では、ブッダの教えに立ち返ってこの六道輪廻を捉え直すと、なにが見えてくるだろうか？

現世の行いを重んじたブッダの視点から見れば、六道のそれぞれを〝人間の心のありよう〟だと捉えることができる。争ったり本能のままに生きたり、欲に取りつかれたりすることもあるだろう。だが、原因となる煩悩を捨てれば、誰でも涅槃《ねはん》の境地にたどり着ける。こう考えると、輪廻の世界がよりリアルに捉えられるのではないだろうか。

生・老・病・死などの四苦八苦のある人間界。無常の世界ではあるが、仏の教えを受け、修行して悟りをひらくことができれば、輪廻の苦しみから逃れることも可能である。

天道《てんどう》
人道《にんどう》
阿修羅道《あしゅらどう》
争いの神、阿修羅の住む世界。常に怒りが絶えず戦いを繰り返し、永遠に争いがやむことがないという苦しみがある。
畜生道《ちくしょうどう》
本能のみで生きる動物の世界。人間に酷使され、殺し合いもある弱肉強食状態に苦しむ。
餓鬼道《がきどう》
強欲な者が餓鬼となり苦しむ世界。閻魔大王の支配下にあり、常に飢えと渇きに悩まされ続ける世界。
地獄道《じごくどう》
重い罪を犯した者が墜ちる世界。極寒や極熱など、鬼によるさまざまな責め苦を絶えず受け続ける。

# 神主さんとお坊さんに、訊きたかった疑問③

Q 主な収入はなんですか？

A **神職** ご祈祷料やお守りやお札、破魔矢などの授与品の初穂料が中心になります。雇われ神職の場合、給料制のケースもあります。教員や団体職員などを務め、神職を兼業する人もいます。

**僧侶** 檀家寺の場合、檀家からの寄進が中心となります。

これは神職と僧侶の両方に共通しますが、駐車場やマンション経営などの不動産収入で生計を立てる場合もあります。

Q お賽銭はいくら入れればいいのですか？

A **神職&僧侶** 特に決まりはありません。それぞれの思いに応じてお納めするのがいいでしょう。ご縁（＝5円）や始終ご縁（45円）がありますように、といった願かけのためなのか、5円玉や10円玉が多いですね。ちなみに、お賽銭の勘定作業は意外と骨が折れます。

Q 供物はどうなりますか？

A **神職&僧侶** あとでありがたく頂戴しています。

Q お寺に行くことはありますか？

A **神職** 配偶者や親族の法事や墓参りなどで行くことがある程度です。

Q 神社に行くことはありますか？

A **僧侶** 行かない人もいますし、地域の氏神様を祀る神社には足を運ぶ人もいます。お寺のある土地も含め、守護しているのは氏神様という考え方ですね。

# 現代人の心を捉える、宗教の中のアート

# 杉本博司
# 宗教美術を見据える、現代美術家の視線。

Hiroshi Sugimoto

●1948年、東京都生まれ。立教大学経済学部卒業後、ロサンゼルスのアートセンター・カレッジ・オブ・デザインで写真を学ぶ。74年にニューヨークに移り、以後、現代美術家として活躍。代表作に『ジオラマ』シリーズ、『劇場』シリーズ、『海景』シリーズなどがある。近年、建築の分野にも進出。

東京とニューヨークを拠点として世界的に活躍する現代美術家の杉本博司。『ジオラマ』『劇場』『海景』などの写真シリーズを美術館で見た人も多いはずだ。杉本は近年、香川県の「ベネッセアートサイト直島」の求めに応じて、現地に護王《ごおう》神社を再建した。また最近は、古墳を造ったりもしている。縦横無尽の活躍を見せる彼は言う。

「アートとは、眼には見ることのできない精神を物質化するための、技術のことである」

この杉本が日本の古美術などの世界的コレクターでもあることは、あまり知られていない。彼は08年から09年にかけて金沢、大阪で『杉本博司　歴史の歴史』展を開催したが、それは杉本の写真作品と彼の古美術を中心とした収集作品をともに展示したもので、日本的な霊性や東洋思想をも強烈に喚起する展覧会だった。

杉本が東洋思想に興味をもったきっかけは、いったいなんだったのだろう。

「僕は1970年に、当時のヒッピー文化のまっただ中にあったアメリカのカリフォルニアに行ったんです。そこでは東洋神秘主義思想が大流行で、いろいろと聞かれるわけです。自分の国の文化について知らないとまずいなと、急いで知識を習得したんです」

日本にいる時、私たちは気がつかないうちに、西洋の思想を崇拝していると彼は言う。「たとえばマルクスだ、カントだ、ヘーゲルだ、ニーチェだというふうに。しかし実際に向こうに行ってみるとそうではなかったわけです」

西海岸という西洋と東洋が混じり合う場所で、

『護王神社―アプロプリエイト・プロポーション』
2002年竣工
正面より拝殿を越えて本殿を望む

ベネッセアートサイト直島の『家プロジェクト』の中で再建された護王神社。足利時代に起源をもつ神域に再建された新しい神社は、アート作品というよりはむしろ、実際の神社の機能を果たすことを目的に計画された。杉本は、綿密な調査と現代の土木技術と想像力とを駆使して、新たな神域を構想した。

石室内部。神が降臨する磐座の下の石室と地上を、光だけが結んでいる光学ガラスの階段。透明度が高く美しい。

彼は「写真」を学ぶ。そして74年、写真家としてニューヨークに渡った杉本は、古美術に出合う。

「偶然のきっかけで古美術商になったんです。日本文化一般については、仏典などいろいろと読み続けていたのですが、アーティストとして作品があまり売れない時に、なんの計画もなく古美術商に引きずり込まれていった」

しかし、始めたら面白くてやみつきになってしまった。「だんだんと美術館レベルというものがわかってきて、日本文化研究ということで全国の寺社仏閣を回ったんです」

その旅の中で彼は、自分が好きなものは宗教美術であるとわかってきた。山を越え谷を越え、文化人類学者のように全国を歩く中で、杉本の写真と古美術とは緊密に結びついていった。

「古美術は自分の眼で見て楽しめ、触って楽しめる。一方で、僕が海を写真に撮っているといっても、ただ海を撮ればいいのではない。そこには〝古代人のメンタリティ〟という設定があるんです。古代というのはどんな感覚だったのかを実感できなくてはいけない。そのためには、古代の遺物を手に持って、常に見ていればいいわけです」

杉本の代表作のなかでも、抽象絵画のような印象と同時にどこか宗教的な雰囲気をもつのが『海景』シリーズだ。

「海を撮るという行為は写真家のものですが、どうして海を撮りたいかという動機づけは、違うところにあります。『海景』シリーズを始めた時、これは売り物にはならないと思いました。自分のためだけの修業として捉えているところがあった。しかし意外にも、これがいちばん人気だった。人間というのは、共通の深層心理というようなものに惹かれるんだなと思いました」

杉本は、自然でありながらも超自然的な放電現象を記録した作品『放電場』を発表した。

「神と仏の代替物は、アートしかありません。僕は現代人でありながら、古代的メンタリティというものとどうすり合わせていくか、自分でも理由《わけ》がわからない力に動かされているんです」

杉本博司は、コンテンポラリー・アーティストと

## 『時間の矢』

1987年
『海景』1980年、火焔宝珠形舎利容器残欠　鎌倉時代　13世紀、
ゼラチン・シルバー・プリント、銅に鍍金

鎌倉時代の舎利容器と、現代の杉本博司の『海景』の作品とが合体した。それは悠久の太古に創造された無限の「海」と、鎌倉時代の舎利容器とが結合されたものであり、杉本自身の言葉によれば「時間の矢が天地創造から鎌倉時代を通過して、今あなたの眼に届いた」ものである。

©Courtesy of Hiroshi Sugimoto

『騎馬神像』

平安時代　12世紀、木造著色

騎馬神像の分布は、日本各地の山岳信仰と結びついていると思われる。吉野熊野の山岳信仰の場においては「早駆け明神」と呼ばれる騎馬神像が時折、発見されるという。日本列島の馬が大陸からもたらされたのか、馬に乗る神は渡来神なのか、土着神なのか。天を駆ける馬に乗った謎の神である。

©Courtesy of Hiroshi Sugimoto

『百万塔』

奈良時代　8世紀、木製轆轤引

東大寺大仏開眼供養から10年後、聖武天皇没後の政治混乱の後、称徳天皇は戦死者の霊を弔うために、木製小塔100万基の制作を発願された。このうち、法隆寺の4万5000基ほどがいまに伝わっている。のこりの小塔は、歴史の渦の中で消滅していったといわれる。まさに色即是空、空即是色。

©Courtesy of Hiroshi Sugimoto

『金銅鍍金舎利容器』

唐時代

塔の中心部の礎石の中に納められていたと思われる仏舎利の容器。近年発見されたものらしく、唐時代の制作と思われるが、日本での制作の可能性も否定できないという。この舎利容器は肩から胴へかけての線に大らかさがあり、威風堂々とした趣をたたえていて、仏舎利の尊厳を表象している。

呼ぶよりは、ある意味で「現代のシャーマン」である。

「日本的霊性というのは、仏教や神道とはっきり分かれているものではないのです。全部がすり合わされて、時代とともに不思議な混合物として、現代まで日本人の心の中に続いていています」

日本的霊性の原型としての縄文文化についてなど、杉本の知的探究心と想像力は果てしがない。それは彼の『海景』が写す世界のように、時空を超えて無限に広がる。彼は『歴史の歴史』展の序文の最後に、こう語る。「私が集めた遺物たちは、歴史が何を忘れ、何を書き止めたか、そんな歴史を教えてくれる」

『銅製経筒』
鎌倉時代　13世紀、銅

『金銅 蔵王権現懸仏』
平安時代後期　12世紀、銅に鍍金

経筒とは、経塚に写経を埋める際に経巻を入れておく筒。銅の表面に炭が付着した状態で出土した。蔵王権現も経塚出土と思われる。蔵王権現は日本の山岳信仰を象徴する仏。小像の仏の表情がなぜか優しい。失われてしまった経巻の代わりに小像を安置。緑青は、炭と銅が織り成す時間の錆。

写真提供:金刀比羅宮　撮影:河村圭一

## 金刀比羅宮

# 伝統と革新が交錯する、アートの社《やしろ》。

Kotohiragu

「こんぴらさん」の愛称で古くから親しまれてきた、香川県・琴平町にある金刀比羅宮《ことひらぐう》。神体山である琴平山の中腹に鎮座し、3000年前から信仰されているという。

海運・商売繁盛・技芸・健康・安全など幅広い崇敬を集める大物主神と崇徳上皇の二柱《ふたはしら》の神を祀り、庶民信仰の拠点として名高い金刀比羅宮だが、全国から参詣客が集まる理由はそれだけにとどまらない。数千、数万もの収蔵品を抱えた「美術館」――それが金刀比羅宮のもうひとつの顔である。

寺社の美術収集は〝後世に伝えるべき文化は私《わたくし》すべきものではなく神や仏のものとして

## 『花丸図』
Hanamaruzu

**伊藤若冲**

1764(明和元)年　紙本、着色、金砂子撒　奥書院 上段の間

四方の壁面を、伊藤若冲の『花丸図』が埋め尽くす奥書院「上段の間」。201点もの切花が格子状に配置されている。六畳一間という部屋の狭さと相まって、微細に描かれた花々が眼前まで迫ってくるかのようだ。まさに百花繚乱。通常は非公開である。

写真提供:金刀比羅宮　撮影:河村圭一

保管せよ〞という考えによってなされた。ただし金刀比羅宮の場合は、そのスケールもクオリティもほかとは一線を画している。

　平安時代から明治時代に至るまで、実に幅広い時代の宝物や絵画の数々。さらには、全国各地の民俗資料や名産品。なかでも目玉は、襖絵や障壁画のかたちで現存する、伊藤若冲、円山応挙、岩岱《がんたい》など江戸中期を代表するアーティストの作品群だ。

　その背景には、戦国期から江戸中期にかけては諸大名の定期的な参詣、江戸中期から後期には幕府や朝廷自らによる保護、富裕な商人からの大規模な寄進など、時代を彩る権力者たちの篤い支持があった。

写真提供:金刀比羅宮　撮影:河村圭一

## 『遊虎図』

Yukozu

**円山応挙**

1787(天明7)年　紙本、墨画淡彩、金砂子撒
各182.5×139cm　西側襖絵4面

表書院 虎の間

客殿の表書院に飾られた、円山応挙の障壁画は全部で90枚。その代表作となるのが、表書院の中心をなす「虎の間」を彩る『遊虎図』だ。迫力たっぷりに描かれた何頭もの虎は、客人に対して家主の権威を伝える役目を十二分に果たしていたのだろう。

## 『春野稚松図』

Shunyachishouzu

**岩岱**

1844(天保15)年　紙本、金地着色
南側長押上小壁貼付2面各91×182cm
壁貼付2面各181×182cm

奥書院 春の間

仕えていた有栖川宮家の直参として金刀比羅宮を訪れ、当時の別当の私邸・奥書院の障壁画を描いた岩岱。金地着色の『春野稚松図』に四方を取り囲まれた奥書院「春の間」には、岩岱らしい独特の色彩と筆致で埋め尽くされた濃密な空間が広がっている。

もちろん、資金的なバックアップだけでは、収蔵品の量と質の双方は担保しきれなかっただろう。文化に造詣が深く書画・影像にも通じた、歴代の金刀比羅宮別当たちの存在も大きい。代表的なのが伊藤若冲の門人でもあった、第十代別当の宥存《ゆうそん》だ。

　歴代別当のなかでも特に文化的素養に恵まれていた宥存は、若冲をはじめ応挙などとの交流を通じ、その保護育成にも努めた。宥存時代の金刀比羅宮は、作家や文人たちのたまり場として、ある種のアートサロンのような様相を呈したほどだった。

　時代は下り、幕末を経て明治時代に入っても、金刀比羅宮は芸術・文化のパトロンとしての側面を保ち続けた。日本近代洋画の先駆者として知られる高橋由一《ゆいち》との関係も有名で、彼の現存する作品の約3分の1にあたる27点を集めた「高橋由一館」が、かつての社務所を改装して設置されている。

写真提供：金刀比羅宮　撮影：河村圭一

　2008年には、パリの国立ギメ東洋美術館にて代表的な収蔵品を公開した『こんぴらさん—海の聖域展』が成功を収めるなど、世界的な注目も高まっている金刀比羅宮。全1368段に達する石段の先に、時代を超えたアートの社が広がっている。

写真提供:金刀比羅宮　撮影:河村圭一

『鯛』
Tai
**高橋由一**
1879(明治12)年　油彩、キャンバス　43.9×59㎝
高橋由一館

褐色の台上に置かれた鯛、鯵、伊勢海老、大根、三つ葉などを質感豊かに描き切った作品。日本近代洋画の先駆者・高橋由一が、油絵普及のための資金援助を金刀比羅宮に依頼したことをきっかけに両者の関係が始まった。全27点を高橋由一館で鑑賞できる。

『富士巻狩図』
Fujimakigarizu
**邨田丹陵**
1902(明治35)年
紙本着色、南側襖絵4面
各182.5×91.5㎝
表書院 富士二の間

明治の日本画家、邨田丹陵による『富士巻狩図』の一部。奥書院「富士二の間」では、東面、南面、西面の3面にわたってダイナミックな鹿狩りの様子が展開される。部屋の東面襖から西面襖へと至るにつれて馬や武士たちが大きく描かれ、巧みな遠近感を醸し出す。

金刀比羅宮

●香川県仲多度郡琴平町892-1
☎0877・75・2121
㊐8時30分〜17時(入場は16時30分まで)
㊕¥500(高橋由一館および宝物館)
アクセス：JR琴平駅から徒歩20分
www.konpira.or.jp

# いま会いにいきたい、心に響く14の仏像。

選・西山 厚（奈良国立博物館学芸部長）

## 癒

### 優しさや慈悲深さに、癒される

悲しみに打ちひしがれた時、あるいは悩み事から逃れられない時——。
どんなに苦しい状況でも、変わらぬ優しい表情で迎え、我々を導く。
その佇まいに心が安らぐ、癒しのパワーにあふれた仏像たち。

大阪府

『弥勒菩薩半跏像』

Mirokubosatsuhankazou

野中寺

造立／飛鳥時代
像高／18.5cm　銅造鍍金

高さ20cmに満たない、とてもコンパクトな金銅仏。片足を膝にのせ、指を頬につけてもの思いにふける端正な姿が美しい。その小ささとは裏腹に、引き締まった体躯から凝縮した気品と神々しさを発する。なんともいえぬ不思議な魅力をたたえた半跏像だ。

写真提供：奈良国立博物館　撮影：森村欣司

京都府

『釈迦如来立像』

Shakanyorairyuzou

清凉寺

造立／北宋時代
像高／160㎝　木造彩色

東大寺の僧・奝然（ちょうねん）が中国からもたらした釈迦像である。像の胎内には、仏教版画や奝然の遺品、絹で造られた五臓六腑の模型などが納められている。釈迦信仰の根本像として模刻像が多く造られ、「清凉寺式釈迦像」として全国に広まった。

写真提供：奈良国立博物館　撮影：森村欣司

京都府

## 『阿弥陀如来立像』

Amidanyorairyuzou

禅林寺

造立／平安後期〜鎌倉前期
像高／77cm　木造彩色

その佇まいから「みかえり阿弥陀如来」として有名な、禅林寺の本尊。静から動への一瞬を見事に捉えた、阿弥陀如来の振り返りの動作は実に珍しい。きりりとした御面相から発する阿弥陀仏の穏やかさと優しさが、見る者の心を離さない一体。

写真提供：総本山禅林寺

奈良県

## 『五劫思惟阿弥陀如来坐像』

Gokoushiyuiamidanyoraizazou

東大寺

造立／鎌倉時代
像高／106cm　木造漆箔

阿弥陀如来の異形のひとつ。永遠・無限を指す「五劫」(100億年以上ともいわれる)の長きにわたって考えごとをしていたため、アフロヘアのような独特の髪形に至ったという。思わず笑みのこぼれる、なんとも愛くるしいスタイルだ。

写真提供：奈良国立博物館　撮影：森村欣司

# 癒

優しさや慈悲深さに、癒される

奈良県

『菩薩半跏像』

Bosatsuhankazou

中宮寺

造立／飛鳥時代
像高／87cm　木造

造られた当初は肌色に塗られていたというが、現在では下塗りの漆が表面に出てしまっている。だが、その黒光りする姿が、顔の表情から指先に至るまでの繊細な表現とあいまって、神秘的な雰囲気を増している。優美な微笑みに吸い込まれそうだ。

写真提供：奈良国立博物館　撮影：森村欣司

## 喝を入れられ、励まされる

# 喝

激しくこちらを見据え、叱咤激励するかのような憤怒の眼差し。
あるいは、悠然たる構えで弱い心を鼓舞してくれる力強さ。
明日を生き抜く活力を与えてくれる、頼もしさに満ちた仏像たち。

**大分県**

**『大威徳明王像』**

Daiitokumyououzou

真木大堂

造立／平安後期
像高／241.3㎝　木造彩色

正面、左右に各1面、頭上に3面の計6面の顔と、6本の腕、6本の足をもち、足を折りたたんで正座する水牛にまたがっている。日本に現存する大威徳明王像の中で最大の大きさを誇り、その異形とあいまって、相当の威圧感を放ちながら眼前に迫り来る。

写真撮影：有木芳隆

京都府

## 『薬師如来立像』

Yakushinyorairyuzou

神護寺

造立／平安初期
像高／170㎝　木造

鋭い眼光とへの字に曲がった口元に厳しさが漂う、一木造の仏像。厳格な表情と堂々たる体躯で、圧倒的な存在感を醸し出す。当時の貴族の権力抗争や飢饉、疫病などにより生じた社会不安を打ち消してほしいという願いが込められている。

写真提供：飛鳥園

福岡県

『馬頭観音立像』

Batoukannonryuzou

観世音寺

造立／平安後期
像高／503cm　木造漆箔

無智・煩悩を排除してあらゆる悪を打ち払うべく、憤怒の形相に満ちた稀有な菩薩像。額には第3の眼がある。その怒りの激しさによって、人々を苦しみから救済し、馬が牧草を食むように迷いや煩悩を取り除くとされている。頭頂部の馬頭がトレードマーク。

写真提供：飛鳥園

# 喝

喝を入れられ、励まされる

福島県

『薬師如来坐像』

Yakushinyoraizazou

勝常寺

造立／平安時代
像高／141.8cm　木造

数少ない国宝の仏像の中でも、京都・奈良以外にあるのは珍しい。二重まぶた、太い眉、厚みのある唇など、どっしりとした表情と体躯とが独特の印象を与える。あふれ出るパワーに満ちた、生命力みなぎる仏様である。

写真提供：湯川村教育委員会

奈良県

『出山釈迦如来立像』

Shussenshakanyorairyuzou

奈良国立博物館

造立／室町時代
像高／96.3cm　木造金泥

それまでの苦行では悟りの境地を得られないと知るに至った釈迦が、苦行の場所である山から出て最後の瞑想に向かう途中の姿を表した像。頬骨と肋骨が浮き出て、手の指さえも骨張っているが、どこか落ち着いた雰囲気も漂う奥深い一体だ。

写真提供：奈良国立博物館　撮影：森村欣司

# 美しさや神々しさに、心が洗われる

# 美

堂々たる体躯で威厳を放つ大仏、優美な立ち姿をたたえた観音菩薩。
超越した美しさや神々しさにあふれた姿は、ときに人の心を裸にする。
高みに誘うかのように、出会った者を大きな力で包み込む仏像たち。

滋賀県

## 『十一面観音菩薩立像』

Jyuichimenkannonbosatsuryuzou

向源寺

造立／平安時代
像高／177.3㎝　木造

檜から彫り出した、十一面観音像の中でも特に美しいとされる一木造の仏像。後頭部にも一面を配す。目を伏せた神秘的な表情、すらりとした立ち姿、そして匂い立つような雰囲気に思わず、合掌。

写真提供：向源寺

奈良県

## 『十一面観世音菩薩立像』

Jyuichimenkanzeonbosatsuryuzou

長谷寺

造立／室町時代
像高／1018cm　木造漆箔

像高が10m以上にもなる、現存する中では日本最大の十一面観音像。本堂の厨子の中に立つ。右手で錫杖と念珠、左手で蓮華を挿した水瓶を握る。その巨大さと慈愛に満ちた眼差しは、比類なき包容力を生み出している。

写真提供：長谷寺

奈良県

## 『大日如来坐像』

Dainichinyoraizazou

円成寺

造立／平安後期
像高／98.2cm　木造漆箔

均整のとれた、引き締まったプロポーションの大日如来。厳しいながらも張りのある表情をもち、若々しい生気にあふれる。奈良を中心に復興造仏に尽力した、鎌倉時代を代表する仏師・運慶の処女作とされる寄木造の仏像だ。

写真提供：奈良国立博物館　撮影：森村欣司

# 仏像に会いたい

文・西山 厚

すべての仏像には、
造った人たちの願いが込められている。
すべての仏像には、
造られてから今までに
その前で手を合わせた人たちの祈りが込められている。
だからすべての仏像は尊く、そして美しい。

仏教がめざすものはなんだろうか。
本来はさとりであったはずだが、今はたぶん違う。
お釈迦さまが亡くなった場面を描いた涅槃図をみながら、
こんな文章を書いたことがある。
「生きとし生けるものをやさしく見守って日々を送り、
生きとし生けるものにやさしく見守られてこの世を去る。
心やすらかに満たされて生き、
心やすらかに満たされて死ぬ。

神社&仏閣

Atsushi Nishiyama

●1953年、徳島県鳴門市生まれ。奈良国立博物館学芸部長。仏教を中心に、日本の歴史・思想・文学・美術を総合的に見つめ、書き、生きた言葉で語る活動を続けている。主な著書に、『仏教発見！』（講談社現代新書）、『僧侶の書』（至文堂）、『仏像の本』（監修／山と溪谷社）などがある。

# 美

美しさや神々しさに、心が洗われる

仏教がめざすのは、
本当はこういうことなのかもしれません。」
仏像に会うとうれしい。
仏像に会うと、心やすらぎ、
少しやさしくなれる。

奈良県

**『盧舎那仏坐像』**

Rushanabutsuzazou

東大寺

造立／奈良時代
像高／1498cm　銅造鍍金

圧倒的なスケールで迫る、ご存じ、奈良の大仏。2度の火災に見舞われるなどしたため修補を繰り返しており、752年に完成したオリジナル部分は、台座や大腿部など一部に限られる。それでもなお、日本仏教の象徴たる仏像として、独特の威容を保ち続けている。

写真提供：飛鳥園

**武光 誠**
Makoto Takemitsu

●1950年、山口県防府市生まれ。明治学院大学教授。東京大学大学院国史学科卒業。文学博士。日本古代史を中心に、神道から仏教、武士道、家紋まで、比較文化的視点から日本文化を幅広く研究している。『知っておきたい日本の神様』(角川ソフィア文庫)、『律令太政官制の研究』(吉川弘文館)など著書多数。

文　石崎貴比古、KAORU、高瀬由紀子、赤坂英人

写真　蛭子 真（スタジオ バウ）（p.6、p.56〜67）、佐野 篤（p.18〜21）、中野晴生（p.34〜38）、岡部 浩（p.44〜51）

グラフィック　杉田尚美（p.9〜15）

イラスト　川口澄子（p.78〜96、p.98〜101、p.106〜107）

地図製作　デザインワークショップジン

校閲　麦秋アートセンター

ブックデザイン　SANKAKUSHA

カバーデザイン　佐藤光生（SANKAKUSHA）

pen BOOKS
神社とは何か？ お寺とは何か？

2009年9月17日　初　　版
2022年2月14日　初版第13刷

監修者　武光 誠
編　者　ペン編集部
発行者　菅沼博道
発行所　株式会社CCCメディアハウス

〒141-8205　東京都品川区上大崎3丁目1番1号
電話　03-5436-5721（販売）
　　　03-5436-5735（編集）
http://books.cccmh.co.jp

印刷・製本　凸版印刷株式会社


ISBN978-4-484-09231-7